HTML5 UND CSS3 FÜR EINSTEIGER

In einfachen Schritten zum Programmier-Experten

Der leicht verständliche und praxisnahe Leitfaden zum professionellen Programmieren im Handumdrehen

"Empire of Books" (EoB)

Mit „Empire of Books" wurde eine Plattform gegründet, dessen oberste Priorität es ist, seine Leser mit spannendem Wissen und bahnbrechenden Erkenntnissen zu versorgen.

Wir stehen für eine unglaubliche Vielfalt an qualitativ hochwertigen Ratgebern, randvoll mit wertvollem Expertenwissen, sowie nützlichen Tipps und Methoden.

Dank unserer jahrelangen Erfahrung im Verlagswesen haben sich die wichtigen Markenzeichen der „Empire of Books"-Bücher herauskristallisiert: fundierter Inhalt und hohe Qualität der Ausstattung, sorgsame Aufbereitung der Informationen mit einfachen Erklärungen und professioneller Gestaltung.

Bei uns bekommen sowohl aufstrebende Autoren, als auch erfahrene Experten eine Plattform bereitgestellt, um Ihr Fachgebiet zu präsentieren.

EoB steht für spannende, informationsreiche Bücher, herausgegeben in enger Kooperation mit erfolgreichen Experten!

Originale Zweitauflage 2021

Independently published | ISBN: 9798710552384

EMPIRE OF BOOKS

Weitere Informationen über uns und unsere Kooperationen erhalten Sie auf unserer Autorenseite bei Amazon.

Jetzt ganz einfach auf den Link klicken oder den QR-Code per Smartphone scannen. Alternativ können Sie den Link auch bei Ihrem Browser im Tab eingeben.

https://t1p.de/opk4

„Wir freuen uns auf Ihren Besuch"

Code Campus ist die Lernplattform für Programmiersprachen aller Art. Die Welt des Codings so einfach erklärt wie noch nie. Die leicht verständlichen und praxisnahen Ratgeber von Code Campus machen aus jedem mit Leichtigkeit einen Programmierer. Von HTML bis C++, hier findet jeder die passende Sprache für die digitale Zukunft. Ob beruflich oder privat, mit unseren Lernbüchern gelingt das Coden mühelos und im Blitztempo.

Wir von Code Campus haben es uns zur Aufgabe gemacht jeder Altersgruppe eine der wichtigsten Fähigkeiten unseres Zeitalters beizubringen, ganz ohne zu überfordern.

Tauchen Sie ein in die digitale Welt – hier finden Sie die Anleitung zu Ihrem Erfolg!

INHALT

Das erwartet dich in diesem Buch

Ich freue mich, dass du dich mit dem Kauf des Buches für die Grundlagen des Webdesigns entschieden hast. Denn trotz der Verbreitung von zahlreichen Pagebuildern wie Divi, Elementor oder BeaverBuilder ist ein grundlegendes Wissen an HTML und CSS notwendig. Ich nehme an, dass du mit dem Kauf dieses Buches daran interessiert bist, eine Webseite zu erstellen oder sogar ein Webdesigner zu werden. Mit den richtigen Kniffen und Tricks wirst du es schaffen, eine Webseite aufzubauen, die sich von anderen deutlich abhebt – denn der Nachteil von Pagebuildern ist, dass man auf den ersten Blick sieht, mit welcher Technik die Webseite erstellt wurde.

Die ersten Kontaktpunkte mit HTML und CSS hatte ich, als ich 11 Jahre alt war, und meine Profil-Seite einer Internetplattform verschönern wollte. Ich habe mich sofort in die beiden Sprachen verliebt und war regelrecht süchtig danach, neue Designs zu erstellen. Mit meinen selbst beigebrachten Kenntnissen war ich auch in der Lage, die Profile meiner Freunde zu gestalten und kleine virtuelle Gadgets als Dank zu bekommen. Damit war mein erstes Webdesign-Business geboren.

12 Jahre später, als ich beschloss, meine Leidenschaft zu meinem Lebensunterhalt zu machen, stellte ich fest, dass Pagebuilder der neueste Schrei im Business sind. Statische Webseiten, wie ich sie kannte, waren nicht mehr gefragt – gewünscht waren Webseiten, die man schnell erweitern und ändern kann. Viele Unternehmer vertrauen auf Wix oder Squarespace, um einen schnellen und sicheren digitalen Auftritt zu gewähren. Und Webdesigner? Die gibt es wie Sand am Meer. Mein größter Vorteil ist mein Wissen über HTML, CSS und JavaScript. Ich war in der Lage, individuelle E-Commerce-Seiten auf Shopify den Wünschen des

Kunden nach zu gestalten – ohne auf teure Templates auszuweichen. Und zu meiner Freude gibt es noch weiterhin Unternehmen, die sich eine Webseite jenseits sämtlicher Plattformen und Pagebuilder wünschen.

Du siehst also, dass, trotz der vielen Pagebuilder auf dem Markt, Kenntnisse an HTML und CSS deinen Vorteil ausmachen können. Du wirst in diesem Buch lernen, wie du schnelle und sichere Webseiten nur mit HTML und CSS erstellen kannst. Außerdem wirst du Konventionen im Webdesign kennenlernen und deine Webseiten auch tauglich für die Suchmaschinenoptimierung machen.

Das Schöne an diesem Buch ist, dass es sehr praktisch angelegt ist. Das bedeutet, dass du das Buch nicht einfach durchlesen sollst, sondern die Übungen bearbeiten solltest. HTML und CSS sind nicht schwer; es bedarf lediglich etwas Übung. Ich freue mich, dich auf dieser Reise begleiten zu dürfen!

Wie du dieses Buch benutzt

Dieses Buch ist ein Buch mit zahlreichen Übungen. Jeder Code-Teil fängt mit einer Erklärung an. Anschließend erfolgt eine Erläuterung der Anatomie des Codes sowie eine Aufzählung der verschiedenen Eigenschaften. Anhand eines Beispiels wird dies dann veranschaulicht. Beendet wird dies schließlich mit einer Übung, die du selbst lösen musst.

Hierfür benötigst du einen Rechner mit Internetverbindung und einem Browser. Ich empfehle dir den Browser von Google, da du mit diesem auch Zugriff auf den Quellcode von Webseiten hast. Außerdem benötigst du einen Text-Editor. Du kannst hier gerne den Text-Editor verwenden, der ohnehin schon auf deinem Computer vorinstalliert ist.

Dieser ist in der Regel ein einfacher Editor, der farblos und für längere Codes nicht so geeignet ist. Ich arbeite gerne mit dem kostenlosen Editor von Atom. Der Grund, warum ich gerne Atom benutze, ist, dass das Programm sehr schnell und flüssig läuft und der Code sehr übersichtlich dargestellt wird. Wenn man die richtigen Packages installiert, wird der Code in Farbe dargestellt und das Programm zeigt auch sofort an, wenn Konventionen nicht eingehalten werden oder es Probleme mit dem Code gibt. Es gibt über 8000 Packages, die dir beim Kodieren helfen!

Um Packages in Atom zu installieren, musst du in die Einstellungen gehen und auf Installieren klicken. Anschließend tippst du den Namen des zu installierenden Packages ein und kannst dann bequem installieren. Ich empfehle dir, folgende Packages zu installieren:

- Atom-beautify
- Atom-ternjs
- Autoclose-html
- Emmet

- Csslint
- Linter
- Pigments
- Language-ejs

Es ist natürlich dir überlassen, ob du die Packages oder Atom überhaupt installierst. Aber in einem normalen Text-Editor wird dir die Struktur des Codes nicht so schön dargestellt. Das Package Autoclose-html hilft dir beispielsweise auch damit, keine Klammern zu vergessen; Emmet gibt dir Vorschläge für Eigenschaften – praktisch, nicht wahr?

Wie funktioniert das Internet eigentlich?

Hast du dich schon einmal gefragt, wie du auf deinem Rechner Webseiten aufrufen kannst, die sich auf einem Server am anderen Ende der Welt befinden? Um deine Webseite zu veröffentlichen, muss sich diese ebenfalls auf einem Server befinden, damit sie aufgerufen werden kann. Wie funktioniert das denn alles?

Stelle dir das Internet als ein riesiges Kabel vor, das alle Computer miteinander verbindet. Dabei gibt es einige Computer, die besonders groß sind und 24 Stunden am Tag mit dem Kabel verbunden sind. Dies sind sogenannte Server. Für den Nutzer dient der Server als eine überdimensionale Bibliothek. Diese Bibliothek beinhaltet alle Informationen, die du benötigst. Damit du die richtigen Inhalte bekommst, benötigt diese aber eine korrekte ID, mit der sie die Inhalte lokalisieren kann. Dies erfolgt in Form einer IP-Adresse.

Wenn du beispielsweise die Webseite von Google öffnen möchtest, sendest du damit eine Nachricht an deinen Internetanbieter. Dieser leitet deine Bitte an einen DNS-Server weiter, der eine Art „Gelbe Seiten" für das Internet ist. Der DNS-Server findet heraus, unter welcher IP-Adresse sich diese Webseite befindet und leitet die IP-Adresse an deinen Webbrowser. Der Browser leitet die IP-Adresse an deinen Internetanbieter, der diese wiederum an den zuständigen Server leitet und dir den gewünschten Inhalt wieder an deinen Webbrowser leitet. Das alles passiert in Millisekunden!

Jede Webseite hat eine IP-Adresse. Die IP-Adresse von Google beispielsweise ist 216.58.210.46. Wenn du diese Ziffern genauso in die

Adresszeile deines Browsers eintippst und auf Enter klickst, erscheint die Startseite von Google.

Mit einem Text-Editor kannst du zwar den Code deiner Webseite schreiben und auch mit deinem Webbrowser aufrufen – aber damit sie für die ganze Welt sichtbar ist, muss diese erst mit einer IP-Adresse versehen werden und mit einem Server verbunden werden. Die Vergabe der IP-Adresse regelt der Anbieter des Domain-Namen. Der Server sorgt dafür, dass deine Webseite 24 Stunden am Tag aufgerufen werden kann.

Anatomie einer Webseite

Wenn du mit dem Internet-Browser eine Webseite aufrufst, werden Dateien mit Codes aufgerufen, die für eine schöne Darstellung des Inhalts sorgen. Die drei Hauptdateien sind HTML-, CSS- und JavaScript-Dateien. Um eine Webseite zu erstellen, reicht es nicht, nur eine einzige Datei einzureichen. Jede Webseite benötigt die drei Hauptdateien, um visuell attraktiv zu sein.

Du kannst eine Webseite als ein Haus betrachten. Um ein Haus zu bauen, benötigst du erst einmal die Struktur. Du benötigst Wände, Türe und Fenster. Du teilst das Haus in einzelne Stockwerke und Zimmer ein und gibst jedem Zimmer eine Funktion. Diese Struktur wird bei einer Webseite mit HTML vorgegeben. HTML strukturiert Webseiten und ordnet die Elemente auf einer Webseite an. Dies sind Paragrafen, Überschriften, Listen, Buttons, Bilder und mehr.

CSS sind die Tapeten einer Webseite. Bei einem Haus wird das Styling durch Tapeten, Wandfarbe und weitere Gestaltungsarten erledigt. Die CSS-Datei einer Webseite erkennt durch die HTML-Datei die Existenz eines Buttons und kann die Farbe dieses Buttons ändern. Mit CSS kannst du also Farben, Schriftarten, Größen und auch die Position ändern.

Schließlich wird mit JavaScript die Funktionalität der Webseite sichergestellt. Bei einem Haus stellt JavaScript den Elektriker dar, der sich darum kümmert, dass das Licht angeht und alle Stromverbindungen im Haus funktionieren. Mit der JavaScript-Datei kannst du beispielsweise mit einem Klick auf den Button in der HTML-Datei E-Mails versenden.

Ergebnis	HTML	CSS

	<!DOCTYPE html>
	<html>
	<head>
	<link rel=“stylesheet“ href=“stylesheet.css”>
	</head>
	<body>
	<button class=”button”>Rot</button>
	</body>
	</html>
		.button {
		background-color: red;
		border: none;
		color: white;
		padding: 15px 32px;
		text-align: center;
		text-decoration: none;
		display: inline-block;
		font-size: 16px;
		margin: 4px 2px;
		cursor: pointer;
		}

Hier ist ein Beispiel von einem Button, der mit HTML definiert wurde und der CSS-Datei, die den Button definiert. In der CSS-Datei wurde die Hintergrundfarbe rot gesetzt, der Rahmen entfernt und die Schriftfarbe auf weiß festgelegt.

Die Struktur von HTML

Im engeren Sinne ist HTML keine Programmiersprache, sondern steht für **H**yper**T**ext **M**arkup **L**anguage. Das bedeutet, dass du mit HTML keine Funktionen ausführen kannst, wie es in C+ oder Java möglich ist. Trotzdem bildet HTML den Kern einer Webseite ab, denn ohne HTML gibt es keine Struktur. Strukturen helfen dem Leser, die Nachricht eines Online-Auftritts besser zu verstehen und sich auf der Webseite zu navigieren.

Ein wesentliches Element von HTML sind die h-Tags. Es gibt sechs verschiedene h-Tags:

- <h1> Überschrift erster Ordnung </h1>
- <h2> Zwischenüberschrift erster Ordnung </h2>
- <h3> Zwischenüberschrift zweiter Ordnung </h3>
- <h4> Zwischenüberschrift dritter Ordnung</h4>
- <h5> Zwischenüberschrift vierter Ordnung </h5>
- <h6> Zwischenüberschrift fünfter Ordnung</h6>

Im Grunde genommen werden die h-Tags benutzt, um den Text zu strukturieren. Du kannst das Gleiche ebenfalls in Word sehen, wenn du einen Text schreibst und Überschrift 1, Überschrift 2 und Überschrift 3 verwendest. Diese Struktur wird anschließend auch im Inhaltsverzeichnis verzeichnet. Hier ist noch ein Beispiel für die hierarchische Struktur von Textinhalten:

- Überschrift h1
  - Überschrift h2
    - Überschrift h3
  - Überschrift h2

- Überschrift h3
- Überschrift h3

○ Überschrift h2

Siehst du hier die Hierarchie? Diese Hierarchie ist nicht nur wichtig, wenn du dem Leser einen schnellen Überblick geben willst. Sie ist auch ein wesentlicher Bestandteil einer barrierefreien Webseite und einer der ersten Ansätze für das Optimieren einer Webseite für die Suchmaschine. Die Suchmaschine durchsucht nämlich die Webseiten und orientiert sich an einer korrekten Strukturierung. Hier gibt es einige Regeln:

1. Der h1-Tag darf nur einmal vorkommen.
2. Die Hierarchie muss auf jeden Fall beachtet werden! Der h1-Tag kommt immer vor den anderen Tags. Als Unterpunkt für den h2-Tag darf nicht der h4-Tag benutzt werden, sondern der h3-Tag.

Lasst uns die konkrete Anwendung von den h-Tags genauer betrachten. Im Folgenden ist ein Beispiel für einen HTML-Code. Ich habe den HTML-Code fett markiert.

Code	Output
<html> **<body>** **<h1>** Omas Lieblingsrezepte **</h1>** **<p>** Hier sind Omas Lieblingsrezepte, die sie in ihrem Leben gesammelt hat. Viel Spaß beim Nachkochen! **</p>** **<h2>** Cookies **</h2>** **<h3>** Zutaten **</h3>**	**Omas Lieblingsrezepte** Hier sind Omas Lieblingsrezepte, die sie ihrem Leben gesammelt hat. Viel Spaß beim Nachkochen! **Cookies** **Zutaten** Mehl, Zucker, Eier, Butter **Zubereitung** Zutaten verrühren, mit einem Löffel kleine Kügelchen auf das

<p> Mehl, Zucker, Eier, Butter **</p>** **<h3>** Zubereitung **</h3>** **<p>** Zutaten verrühren, mit einem Löffel kleine Kügelchen auf das Backblech legen und im Ofen bei 200 Grad 20 Minuten backen **</p>** **</body>** **</html>**	Backblech legen und im Ofen bei 200 Grad 20 Minuten backen.

HTML-ELEMENTE

Jeder HTML-Code besteht aus Klammern und dem Element in der Mitte. Für jedes Element gibt es üblicherweise einen öffnenden und einen schließenden Tag. Bei einem schließenden Tag wird zusätzlich noch ein Schrägstich nach der ersten Klammer gesetzt. Die HTML-Elemente geben der Information zwischen den Tags eine Bezeichnung. Nicht jedes Element benötigt beide Tags; bei einigen Elementen wie beispielsweise <hr> und <br> wird nur der öffnende Tag benötigt.
 sorgt dafür, dass eine neue Zeile angefangen wird und <hr> wird für eine Trennlinie benötigt.

<h1>	Omas Lieblingsrezepte	</h1>
Öffnendes Tag	Information	Schließendes Tag

Man kann sich das HTML-Tags als Container vorstellen, in denen sich die Informationen befinden.

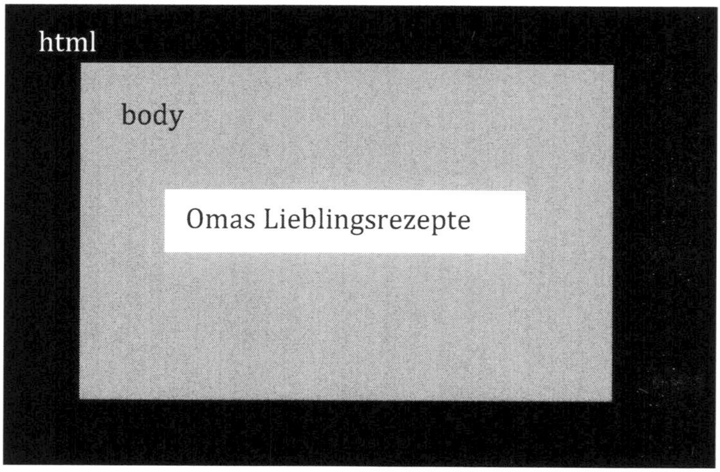

Übung:

Geh zu codepen.io und klicke auf „Start Coding"! Du musst dich nicht registrieren. In das Eingabefeld „html" kannst du nun deinen Code einfügen und siehst dann auch sofort das Ergebnis des Codes. Versuche nun den folgenden Text so zu strukturieren, dass er aussieht wie in der Tabelle.

Das ist meine erste Übung **Aufgabe:** Diesen Text so umzuschreiben, dass er so aussieht. **Schwierigkeitsgrad** Einfache und elementare Aufgabe **Mein Text sieht jetzt so aus wie vorgegeben.** **Hurra!**	Das ist meine erste Übung Aufgabe: Diesen Text so umzuschreiben, dass er so aussieht. Schwierigkeitsgrad Einfache und elementare Aufgabe Mein Text sieht jetzt so aus wie vorgegeben. Hurra!

Tipp: Benutze die h-Tags und den Paragraphen-Tag! Es sind insgesamt vier verschiedene Tags zu benutzen.

Lösung:

<h1> Das ist meine erste Übung </h1>

<h2> Aufgabe: </h2>

<p> Diesen Text so umzuschreiben, dass er so aussieht. </p>

<h2> Schwierigkeitsgrad </h2>

<p> Einfache und elementare Aufgabe </p>

<h3> Mein Text sieht jetzt so aus wie vorgegeben. </h3>

<h2> Hurra! </h2>

HTML-ATTRIBUTE

Innerhalb der HTML-Elemente können ebenfalls noch Attribute verwendet werden. Attribute geben dem Element weitere Eigenschaften. Jedes Attribut besteht aus einem Namen und einem Wert, wobei der Wert in Anführungszeichen gesetzt werden muss.

Für ein Beispiel nehmen wir <hr>. Dieser Tag macht eine horizontale Linie und sorgt damit für die visuelle Trennung von Inhalten.

<hr>	<hr color="red">

Wie du sehen kannst, wird durch das Attribut der Farbe (color) und dem Wert Rot (red) die Farbe der Linie geändert. Nun fragst du dich bestimmt, woher du denn wissen sollst, welche Attribute du bei welchen Elementen benutzen kannst?

Ein Webdesigner ist kein wandelndes Lexikon; um die genauen Anforderungen für jedes Element zu lesen, benutze ich gerne devdocs.io. Du kannst dort nach den Tags suchen und siehst dann auf den ersten Blick, ob es sich um ein selbstschließendes Tag handelt (das heißt, dass kein schließendes Tag benötigt wird) und welche Attribute mit welchen Werten sinnvoll sind. Und mit ein bisschen Übung merkst du schnell, welche Attribute wann sinnvoll sind.

Welche weiteren Attribute kannst du noch verwenden für den hr-Tag?

____

____

____

HTML BOILERPLATE

Der HTML Boilerplate ist der Standardcode, der immer in einem HTML-Dokument vorhanden sein muss. Wir benutzen in diesem Buch den einfachsten Boilerplate, der für unsere Zwecke ausreicht. Auf htmlshell.com kannst du zusätzlich Boilerplates generieren lassen, um beispielsweise Google Analytics auf deiner Webseite einzubinden oder verschiedene Meta-Tags zu generieren wie beispielsweise den Autor-Meta-Tag.

In Atom kannst du den Boilerplate sehr einfach generieren und musst dir den Aufbau nicht merken oder nachschlagen. Dies funktioniert so einfach, da wir das Package emmet heruntergeladen haben. Wenn du in Atom im Editor html schreibst, wird dir emmet den Boilerplate automatisch vorschlagen. Du musst dann nur noch Enter klicken und schon hast du einen fertigen Boilerplate. Dieser sieht folgendermaßen aus:

```
<!DOCTYPE html>

<html lang="en" dir="ltr">
```

```
<head>
  <meta charset="utf-8">
  <title></title>
</head>
<body>


</body>
</html>
```

Der Boilerplate fängt mit der Deklarierung der Datei als eine HTML-Datei an. Anschließend folgt der HTML-Tag, in denen sich noch das Attribut der Sprache und der Leserichtung befinden. Die Leserichtung ist in den westlichen Ländern links nach rechts (also im Englischen left to right).

Anschließend kommt der head-Tag. Dieser Tag ist informativ; die Inhalte werden nicht auf der Webseite erscheinen. Hier werden Informationen zur Webseite hinterlegt oder eben der Code für Google Analytics eingebunden. Die Meta-Tags, die im SEO-Bereich gerne angesprochen werden, befinden sich alle in diesem Bereich. In unserem generierten Boilerplate wird hier die Information angezeigt, dass für die Unicode-Zeichen die Kodierung UTF-8 angewendet wird. UTF-8 ist die gebräuchlichste Kodierung im westlichen Raum. Wenn du mit Sprachen arbeitest, die mehr Speicherbedarf benötigen, wie beispielsweise Russisch, musst du eine andere Kodierung anwenden. Da ich davon ausgehe, dass wir uns hier im westeuropäischem Raum bewegen, kannst du dir einfach UTF-8 merken.

Der title-Tag ist nicht mit dem h1-Tag zu verwechseln. Der title-Tag beinhaltet die Information, die im Browser in der Adresszeile angezeigt wird. Für die Suchmaschinenoptimierung sowie die

Nutzerfreundlichkeit ist es empfehlenswert, dass dieser Tag immer und strategisch eingesetzt wird.

Zuletzt folgt der body-Tag. In diesem Tag kommt der komplette Inhalt der Seite. Dieser wird auch angezeigt. Beispiele für Inhalte sind beispielsweise die h-Tags oder die p-Tags.

Der Code-Inspektor

Zu meinen bevorzugten Werkzeugen als Webdesigner gehört der Code-Inspektor. Der Code-Inspektor ist Bestandteil des Browsers Google Chrome und ist sehr praktisch. Das Grundprinzip ist, dass du dir den Quellcode der Webseite ansehen kannst und temporär verändern kannst, um Probleme schneller zu beheben. Temporär bedeutet, dass nur du diese Änderungen sehen kannst und mit dem Verlassen des Code-Inspektors alles beim Gleichen bleibt. In diesem Zusammenhang hast du aber auch mehr Freiheit beim Ändern des Codes und kannst dich dort direkt austoben, ohne, dass es irgendwelche Auswirkungen hat.

Den Code-Inspektor kannst du aufrufen, indem du gleichzeitig Steuerung, Umschalttaste und I drückst. Wenn du gerne einen spezifischen Teil des Codes ansehen möchtest, klickst du mit Rechtsklick auf das entsprechende Element und wählst den Code-Inspektor auf. Im folgenden Beispiel habe ich zur Veranschaulichung den Titel eines Videos auf YouTube mit dem Code-Inspektor aufgerufen. Den Titel habe ich sowohl auf der Webseite als auch im Quellcode markiert.

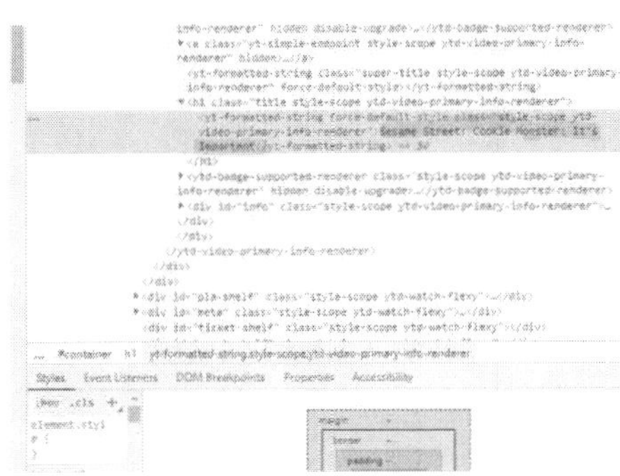

Du kannst nun im Quellcode den Code verändern. Du kannst einfach in die entsprechende Zeile klicken und den Code ersetzen. Hier habe ich den Titel verändert. Diese Veränderungen sind alle temporär und nur für dich sichtbar! Du kannst es gerne ausprobieren! Hier siehst du wie sich die Veränderung direkt auf der Webseite darstellen lässt:

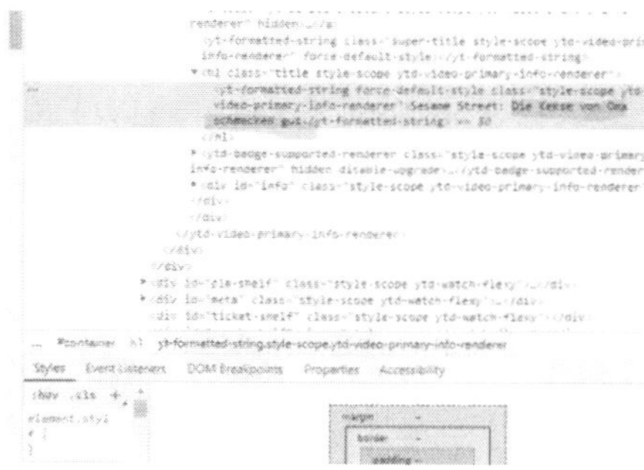

Ich konnte also innerhalb von Sekunden eine kleine Veränderung bewirken und genau das beschreibt das Potential des Code-Inspektors. Ich benutze ihn sehr gerne, wenn ich sehen will, welche Parameter ich benutzen soll, welche Farben noch besser passen würden, wie viel Abstand benötigt wird und vieles mehr.

Wenn du bald auch an Webdesign-Projekten arbeiten wirst, wird der Code-Inspektor dein bester Freund sein und Probleme ganz einfach beseitigen.

HTML-Dokument erstellen und aufrufen

Atom solltest du nun mit den Packages installiert haben. Um ein Dokument zu erstellen, kannst du einfach in der Menü-Leiste den ersten Reiter anklicken (File) und den Befehl „New File" anklicken. Anschließend musst du das Dokument abspeichern. Erstelle dazu einen neuen Ordner, in dem sich alle Dokumente und Medien befinden, die für die Webseite wichtig sind. Außerdem benötigt der Dateiname die Endung „.html". Ich habe mein Dokument üblicherweise „index.html" genannt. Wenn du dir das Package emmet heruntergeladen hast, kannst du nun einfach in der ersten Zeile des Dokuments html tippen und den Vorschlag anwählen, den Atom dir macht. Das HTML Boilerplate wird dir anschließend automatisch angezeigt. Ansonsten kannst du diesen Boilerplate in die ersten Zeilen tippen:

```
<!DOCTYPE html>
<html lang="en" dir="ltr">
 <head>
  <meta charset="utf-8">
  <title></title>
 </head>
 <body>

 </body>
</html>
```

Zwischen den title-Tags kannst du nun den Titel deiner Seite eingeben wie beispielsweise „Meine erste Webseite“. Dieser Titel wird nach dem Aufrufen in der Browser-Leiste angezeigt.

Nun kannst du zwischen den body-Tags den Inhalt deiner Seite angeben. Du kannst die Tags aus den ersten Kapiteln dazu verwenden.

Wenn du fertig bist, kannst du das Dokument speichern. Zum Aufrufen klickst du auf die Datei in dem Ordner; es wird dann entweder der Standardbrowser oder das Editor-Programm benutzt, um die Datei auszugeben. Stelle es dir ein, dass die Datei direkt im Browser aufgerufen wird. In meinem Fall sieht das fertige Dokument im Browser folgendermaßen aus:

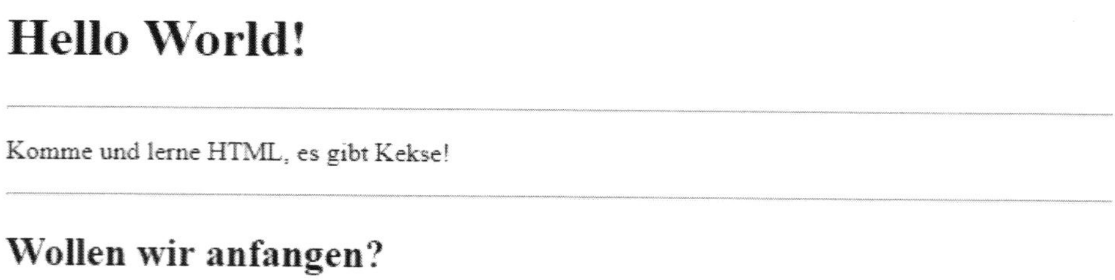

Du kannst es als Übung gerne versuchen, dieses Dokument selbstständig zu kopieren. Tipp: Es wurde mit vier Tag-Typen gearbeitet.

Lösung:

Hier ist die Lösung für den Code, den ich verwendet habe.

```
<!DOCTYPE html>
<html lang="en" dir="ltr">
 <head>
  <meta charset="utf-8">
  <title>Meine erste Webseite</title>
```

```
 </head>
 <body>
  <h1>Hello World!</h1>
  <hr>
  <p>
   Komme und lerne HTML, es gibt Kekse!
   </p>
   <hr>
   <h2> Wollen wir anfangen?</h2>
 </body>
</html>
```

Strukturelles Markup

Im HTML unterscheiden wir zwischen strukturellem Markup und semantischem Markup. Wie der Name schon andeutet, geht es beim strukturellen Markup um die Struktur des Textes. In den ersten Kapiteln wurden bereits die h-Tags und die p-Tags erklärt, aber, da diese Tags zu den wichtigsten und elementarsten Tags im HTML gehören und oft falsch verwendet werden, werde ich im Folgenden alle Tags für das strukturelle Markup erläutern und veranschaulichen.

HTML: ÜBERSCHRIFTEN

Kurz zusammengefasst, werden für Überschriften sechs verschiedene Tags benutzt, um die Hierarchie innerhalb einer Webseite zu verdeutlichen. Die wichtigste Überschrift wird mit dem h1-Tag markiert, die kleinste Überschrift mit dem h6-Tag. In HTML-Dokumenten wird die Größe automatisch dargestellt, wodurch es zur falschen Verwendung von h-Tags kommt.

Viele Designer und vor allem die, die mit Pagebuildern arbeiten, kommen in die Versuchung, lediglich die Größe und nicht die logische Struktur eines Dokumentes zu beachten und verwenden diese Tags durcheinander. Ich möchte, dass du diesen Fehler nicht machst und darauf achtest, dass die logische Struktur sich in den h-Tags widerspiegeln lässt. Denke daran, dass du die Größe sowie andere tolle Attribute, beispielsweise die Farbe, mit Hilfe von CSS verändern kannst.

HTML	Output
<!DOCTYPE html> <html> <head> </head> <body> **<h1> Überschrift erster Ordnung </h1>** **<h2> Überschrift zweiter Ord-nung </h2>** **<h3> Überschrift dritter Ordnung </h3>** **<h4> Überschrift vierter Ord-nung </h4>** **<h5> Überschrift fünfter Ord-nung <h5>** **<h6> Überschrift sechster Ord-nung <h6>** </body> </html>	**Überschrift erster Ordnung** **Überschrift zweiter Ordnung** **Überschrift dritter Ordnung** **Überschrift vierter Ordnung** **Überschrift fünfter Ordnung** **Überschrift sechster Ordnung**

HTML: PARAGRAFEN

Paragrafen werden mit dem p-Tag markiert. Auf einer Webseite werden Paragrafen automatisch mit etwas Abstand dazwischen angezeigt, um den Lesefluss zu verbessern. Es ist für den User einfacher, Fließtexte zu lesen, wenn der Text in einzelne Abschnitte unterteilt wird. Auch für SEO ist es wichtig, dass die einzelnen Paragrafen nicht zu groß sind, sondern eine angemessene Anzahl an Zeichen besitzt.

> Paragrafen sind dazu da, um Fließtexte in sinnvolle Abschnitte zu unterteilen und Texte für den Leser verständlicher und einfacher darzustellen.
>
> In gemeinsamer Benutzung mit geeigneten Überschriften und Unterüberschriften bekommst du somit ein lesbares und logisch gegliedertes Dokument.

HTML

```html
<!DOCTYPE html>
<html>
<head>
</head>
<body>
<p> Paragrafen sind dazu da, um Fließtexte in sinnvolle Abschnitte zu unterteilen und Texte für den Leser verständlicher und einfacher darzustellen. </p>
<p> In gemeinsamer Benutzung mit geeigneten Überschriften und Unterüberschriften bekommst du somit ein lesbares und logisch gegliedertes Dokument. </p>
</body>
</html>
```

HTML: FETT UND KURSIV

Mit Hilfe dieser beiden Elemente, kannst du verschiedene Elemente im Text oder ganze Paragrafen optisch hervorheben. Eine ähnliche Funktion gibt es im semantischen Markup. Der große Unterschied hier ist, dass beim strukturellen Markup die Hervorhebung keine tiefere Bedeutung hat. Ein fett markierter Text ist dann nur fett markiert, aber es bedeutet nicht, dass er wichtiger ist als ein nicht markierter Text. Die Fett-Markierung wird mit dem b-Tag (bold) realisiert und die Kursiv-Markierung des Textes mit dem i-Tag (italic).

Ich möchte gerne, dass mein **Keyword** im Text hervorgehoben wird.

Ich komme aus *Italien* und esse gerne *Gelato*

HTML

```
<!DOCTYPE html>
<html>
<head>
</head>
<body>
<p> Ich möchte gerne, dass mein <b> Keyword </b> im Text hervorgehoben wird. </p>
<p> Ich komme aus <i> Italien </i> und esse gerne <i> Gelato </i> </p>
</body>
</html>
```

HTML: HOCHGESTELLT UND TIEFGESTELLT

Eine weitere Möglichkeit für strukturelles Markup ist das Hochstellen und Tiefstellen einzelner Elemente. Diese Tags sind nicht so bekannt wie die anderen, sind aber sehr nützlich, wenn du an Webseiten arbeitest, in denen viel mit Einheiten, Fußnoten oder Formeln gearbeitet werden. Initiiert werden diese mit den sup-Tags für das Hochstellen und den sub-Tags für das Tiefstellen.

> Der Ausstoß von CO_2 erhöht sich mit jedem Jahr immens. Daher müssen wir endlich etwas unternehmen.
>
> Dieses Apartment hat eine Fläche von 80 m^2 und ist damit sehr geräumig.

HTML

```
<!DOCTYPE html>

<html>

<head>

</head>

<body>

<p> Der Ausstoß von CO<sub>2</sub> erhöht sich mit jedem Jahr immens. Daher müssen wir endlich etwas unternehmen. </p>

<p> Dieses Apartment hat eine Fläche von 80 m<sup>2</sup> und ist damit sehr geräumig. </p>

</body>

</html>
```

HTML: NEUE ZEILE

Wenn du im HTML-Code eine neue Zeile haben möchtest, beziehungsweise mehr Abstände in den Texten, ist dir eventuell bereits aufgefallen, dass einmal auf Enter klicken keine Veränderung auf der Webseite darstellt. Dies liegt daran, dass der Browser die Lücken ignoriert und den Text regulär wiedergibt. Dies kannst du dir zu Nutzen machen, wenn du deinen Text gerne übersichtlicher machen möchtest, denn du kannst so viele neue Zeilen anfangen wie du willst.

Wenn du aber tatsächlich eine neue Zeile anfangen möchtest, solltest du den selbstschließenden br-Tag verwenden. Hier benötigst du jeweils nur einen Tag und die Zeile wird auch im Browser neu angefangen. Wenn dir der Abstand zwischen den Paragrafen nichts ausmacht, kannst du aber auch einfach einen neuen Paragrafen anfangen. Ich persönlich benutze den br-Tag sehr gerne.

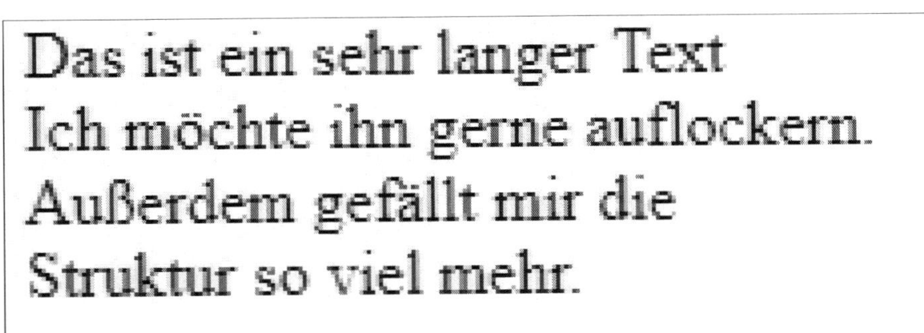

```
HTML
<!DOCTYPE html>
<html>
<head>
</head>
<body>
<p> Das ist ein sehr langer Text <br>
Ich möchte ihn gerne auflockern. <br>
Außerdem gefällt mir die <br>
Struktur so viel mehr. </p>
</body>
</html>
```

HTML: DIE HORIZONTALE LINIE

Die horizontale Linie bezeichnet eine einfache Linie, mit der du verschiedene Abschnitte trennen kannst. Die Linie ist wirklich sehr einfach, aber ich benutze sie gerne, denn mit Hilfe von CSS kannst du wirklich sehr schöne Divider erstellen. Die horizontale Linie wird mit dem hr-Tag realisiert. Dieser ist ein selbstschließendes Tag. Im nachfolgenden Beispiel wurde das vorherige Beispiel genommen und zwischen den Sätzen eine horizontale Linie eingesetzt. Man sieht, dass man so eine klare Trennung realisieren kann.

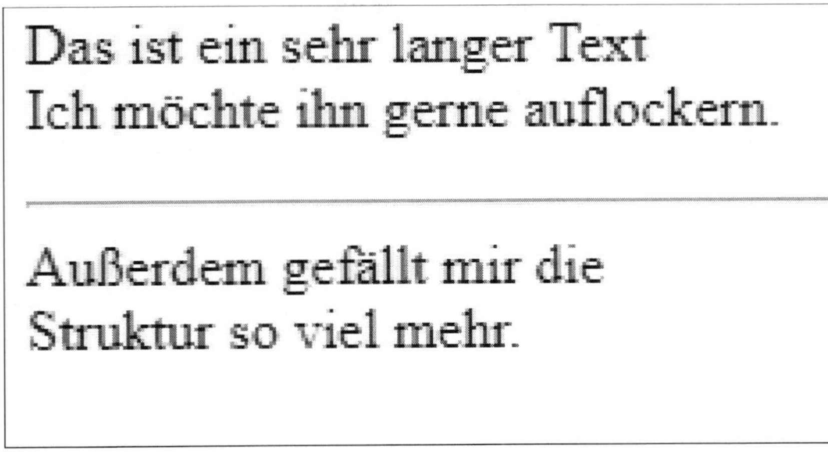

HTML

```
<!DOCTYPE html>
<html>
<head>
</head>
<body>
<p> Das ist ein sehr langer Text <br>
Ich möchte ihn gerne auflockern. <br>
<hr>
Außerdem gefällt mir die <br>
Struktur so viel mehr. </p>
</body>
</html>
```

Semantisches Markup

Semantisches Markup wird, neben dem strukturellen Markup, dazu verwendet einzelnen Elementen bestimmte Funktionen aufzugeben. Dies sind zusätzliche Informationen, die der Suchmaschine dabei helfen sollen, die Webseite zu verstehen. Semantisches Makeup wird meistens ignoriert und nicht verwendet, trägt aber erheblich zum Erfolg einer Webseite bei.

Der Browser wird einige Elemente mit semantischem Markup anders darstellen, beispielsweise kursiv für betonte Aussagen. Dies sollte dich nicht verwirren, denn du sollst semantisches Markup nur sinnvoll verwenden. Das Ziel von semantischem Markup ist nämlich, dass die Webseite besser beschrieben wird. Dies ist hilfreich, wenn die Webseite später vorgelesen wird oder auch einfach für die Suchmaschine.

HTML: DAS IST WICHTIG!

Wenn du einzelne Elemente besonders hervorheben möchtest, weil diese besonders wichtig sind und ein besonderes Augenmerk benötigen, kannst du den strong-Tag benutzen. Optisch sieht er genauso aus wie der bold-Tag, hebt den Text aber nicht nur optisch hervor. Die Suchmaschine weiß also, dass es sich hier um eine wichtige Information handelt.

Achtung:
Kekse direkt aus dem Backofen sind sehr heiß und es herrscht **Verbrennungsgefahr**

HTML

```
<!DOCTYPE html>
<html>
<head>
</head>
<body>
<p> <strong> Achtung: </strong> <br> Kekse direkt aus dem Backofen sind sehr heiß und es herrscht <strong> Verbrennungsgefahr </strong> </p>
</body>
</html>
```

HTML: BETONUNG

Du kannst auch einzelne Elemente betonen, um die Aussage des Textes besser zu verdeutlichen. Wenn der Text dann vorgelesen wird, wird auch das markierte Wort anders betont. Realisiert wird dies mit dem em-Tag, der optisch dem i-Tag ähnelt. Im nachfolgenden Beispiel liegt die Betonung auf „Oma“ und „nirgendswo“. Du kannst den Text vorlesen und diese Wörter betonen, denn dann merkst du den feinen, aber wichtigen Unterschied zum strong-Tag.

> Viele Menschen denken, dass alle Kekse gleich schmecken. Doch für mich sind die einzig wahren Kekse die Kekse von *Oma* . Und *nirgendswo* anders kannst du so knusprige Kekse essen.

HTML
<!DOCTYPE html>
<html>
<head>
</head>
<body>
<p> Viele Menschen denken, dass alle Kekse gleich schmecken. Doch für mich sind die einzig wahren Kekse die Kekse von <em> Oma </em>. Und <em> nirgendwo </em> anders kannst du so knusprige Kekse essen. </p>
</body>
</html>

HTML: ZITATE

Um richtig zu zitieren, kannst du den blockquote-Tag oder den q-Tag benutzen. Beide Tags eignen sich für das Zitieren, wobei der blockquote-Tag eher für längere Zitate geeignet ist. Beim blockquote-Tag werden die Zitate nämlich eingerückt, während beim q-Tag keine optischen Veränderungen sichtbar sind. Zitate solltest du immer markieren, denn Suchmaschinen strafen dich, wenn du duplizierten Inhalt auf deiner Webseite hast. Beide Tags arbeiten mit dem Attribut „cite". Der Parameter für dieses Attribut ist der Link der Seite, von der du zitiert hast.

Nicht alle Browser rücken das Zitat ein und auch nicht alle Browser werden den Text im q-Tag mit automatischen Anführungszeichen darstellen.

Bist du mutig? Immanuel Kant sagte einst:

> Habe Mut, dich deines eigenen Verstandes zu bedienen.

Fernandel meinte aber auch, dass " Wer zugibt, dass er feige ist, hat Mut. "

Also, bist du mutig?

HTML

```
<!DOCTYPE html>
<html>
<head>
</head>
<body>
<p> Bist du mutig? Immanuel Kant sagte einst: </p>
<blockquote cite="http://zitate.net/mut-zitate">
<p> Habe Mut, dich deines eigenen Verstandes zu bedienen.
</p>
</blockquote>
<p> Fernandel meinte aber auch, dass <q cite="http://zi-
tate.net/mut-zitate"> Wer zugibt, dass er feige ist, hat Mut. </q>
</p>
<p> Also, bist du mutig? </p>
</body>
</html>
```

HTML: ABKÜRZUNGEN

Wenn du Abkürzungen verwendest, kannst du den abbr-Tag verwenden. Das Tag hat das Attribut title, in dem die Bedeutung der Abkürzung definiert wird. Im nachfolgenden Beispiel wird HTML als Abkürzung dargestellt. Auf der Webseite kann man dann mit der Maus über das Wort gehen und ein Text mit der Definition erscheint.

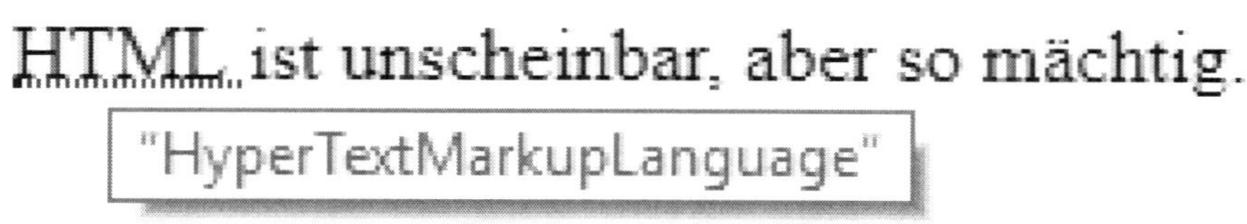

HTML

```html
<!DOCTYPE html>
<html>
<head>
</head>
<body>
<p> <abbr title="HyperTextMarkupLanguage"> HTML </abbr> ist unscheinbar, aber so mächtig. </p>
</body>
</html>
```

HTML: QUELLENANGABEN

Auch Quellenangaben kannst du mit Hilfe von HTML markieren. Hierzu kannst du einfach den cite-Tag verwenden. Du kannst den cite-Tag immer dann verwenden, wenn du dich auf ein literarisches Werk oder eine Verfilmung berufst. Auf der Webseite wird die Quellenangabe optisch kursiv dargestellt.

Harry Potter und der Stein der Weisen ist das erste Buch von J.K.Rowling und ist sehr erfolgreich gewesen.

HTML

```
<!DOCTYPE html>
<html>
<head>
</head>
<body>
<p> <cite> Harry Potter und der Stein des Weisen </cite> ist das erste Buch von J.K.Rowling und ist sehr erfolgreich gewesen. </p>
</body>
</html>
```

HTML: DEFINITION

Wenn du eine eher wissenschaftlich basierte Webseite hast, kannst du bestimmte Elemente als Definition markieren. Dies hilft vor allem Suchmaschinen, wenn jemand gezielt nach Definitionen sucht. Das zu definierende Wort wird in dfn-Tags gesetzt. Optisch wird dies auf der Webseite kursiv dargestellt.

Ein *Keks* ist ein süßes Gebäck in runder Form wahlweise mit oder ohne Füllung.

```
HTML
<!DOCTYPE html>
<html>
<head>
</head>
<body>
<p> Ein <dfn> Keks </dfn> ist ein süßes Gebäck in runder Form wahlweise mit oder ohne Füllung. </p>
</body>
</html>
```

HTML: WEG DAMIT!

Um Text durchzustreichen, gibt es zwei Optionen. Du kannst entweder den del-Tag benutzen oder den s-Tag benutzen. Es gibt einen kleinen, aber feinen Unterschied zwischen den beiden.

Der del-Tag beschreibt, dass das durchgestrichene Element gelöscht werden sollte. Normalerweise wird dieser Tag mit dem ins-Tag kombiniert, der das durchgestrichene Element mit einem neuen Element ersetzen soll.

Der s-Tag beschreibt, dass das durchgestrichene Element nicht mehr gültig ist, aber nicht gelöscht werden soll. Dieser eignet sich gut für beispielsweise Preisreduzierungen.

Die besten Kekse macht ~~Lisa~~ Oma

Du kannst das Rezept kaufen. ~~Der Preis war 20 Euro~~. Jetzt kostet das Rezept nur noch 10 Euro!

HTML

```
<!DOCTYPE html>

<html>

<head>

</head>

<body>

<p> Die besten Kekse macht <del> Lisas </del> <ins> Oma
</ins> </p>

<p> Du kannst das Rezept kaufen. <s> Der Preis war 20 Euro
</s>. Jetzt kostet das Rezept nur noch 10 Euro! </p>

</body>

</html>
```

Listen und Aufzählungen

Wir verlassen jetzt langsam die Basics von HTML und fangen mit den Listen und Aufzählungen an. In HTML gibt es drei verschiedene Listenarten, nämlich die geordnete Liste, die ungeordnete Liste und die Definitions-Liste. Es gibt keine schlechten oder guten Listenarten, sondern jede Listenart hat einen besonderen Zweck.

Geordnete Listen sind dabei Listen, bei denen jeder Punkt mit einer Nummer anfängt. Ungeordnete Listen sind Listen, die mit einem Punkt anfangen (oder mit einem beliebigen anderen Symbol wie beispielsweise ein Häkchen). Definitionslisten sind ähnlich wie Tabellen und beinhalten alle Wörter mit ihren Definitionen.

HTML: GEORDNETE LISTEN

Lasst uns mit den geordneten Listen anfangen. Für die geordnete Liste benötigst du den ol-Tag (ordered list). Die gesamte Liste befindet sich zwischen diesen Tags. Für jeden Listenpunkt benutzt du den li-Tag (list item). Du musst darauf achten, dass du die Elemente in der richtigen Reihenfolge anordnest, denn der Browser wird auf der Webseite die Liste nummeriert darstellen. Statt Nummern kannst du auch andere Nummerierungen verwenden; dies geschieht mit CSS und du kannst dadurch römische Zahlen verwenden zum Nummerieren oder auch Buchstaben.

1. Google Chrome öffnen
2. Atom Editor suchen
3. Atom herunterladen
4. Atom installieren
5. Packages installieren
6. Neue Datei öffnen
7. Datei als HTML-Datei speichern
8. anfangen mit dem Code

```
<!DOCTYPE html>

<html>

<head>

</head>

<body>

<ol>

<li> Google Chrome öffnen </li>

<li> Atom Editor suchen </li>

<li> Atom herunterladen </li>

<li> Atom installieren </li>

<li> Packages installieren </li>

<li> Neue Datei öffnen </li>

<li> Datei als HTML-Datei speichern </li>
```

```
<li> anfangen mit dem Code </li>
</ol>
</body>
</html>
```

HTML: UNGEORDNETE LISTEN

Eine ungeordnete Liste machst du mit dem ul-Tag. Das Vorgehen ist wie bei der geordneten Liste. Auch hier kannst du mit Hilfe von CSS statt den Punkten andere Symbole einsetzen.

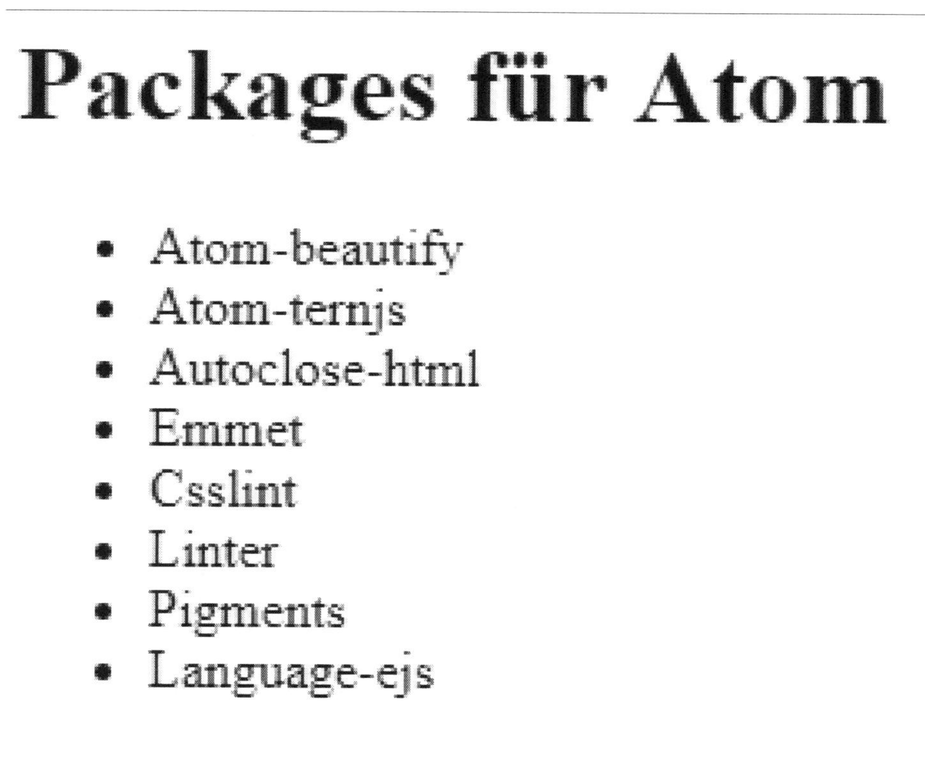

Packages für Atom

- Atom-beautify
- Atom-ternjs
- Autoclose-html
- Emmet
- Csslint
- Linter
- Pigments
- Language-ejs

HTML
<!DOCTYPE html>
<html>
<head>
</head>
<body>
<h1> Packages für Atom </h1>
<ul>
<li> Atom-beautify </li>
<li> Atom-ternjs </li>
<li> Autoclose-html </li>
<li> Emmet </li>
<li> Csslint </li>
<li> Linter </li>
<li> Pigments</li>
<li> Language-ejs</li>
</ul>
</body>
</html>

HTML: DEFINITIONSLISTEN

Um eine Definitionsliste zu erstellen, benötigst du den dl-Tag. Die gesamte Liste muss sich zwischen den dl-Tags befinden. Außerdem benötigst du dt-Tags für die zu definierenden Wörter und dd-Tags für die Definitionen.

Backwaren

Cookies
: Amerikanische Kekse, die meist weicher und zäher sind als die uns bekannten Kekse

Obstkuchen
: Ein süßer Kuchen, der fruchtig ist und leicht schmeckt.

HTML

```
<!DOCTYPE html>
<html>
<head>
</head>
<body>
<h1> Backwaren </h1>
<dl>
<dt> Cookies </dt>
<dd> Amerikanische Kekse, die meist weicher und zäher sind, als die uns bekannten Kekse </dd>
<dt> Obstkuchen </dt>
<dd> Ein süßer Kuchen, der fruchtig ist und leicht schmeckt. </dd>
</dl>
</body>
</html>
```

HTML: VERSCHACHTELTE LISTEN

Das Geniale ist, dass du Listen auch ineinander verschachteln kannst. Das bedeutet im Endeffekt, dass du bei den ungeordneten und geordneten Listen statt einem weiteren li-Tag einfach die nächste Liste (mit ul oder ol) einfügst. Im Browser erscheinen die Listen dann eingerückt. Die eingerückten Punkte haben auch andere Symbole, wie du im Beispiel hier sehen kannst.

- Kuchen
    - Marmorkuchen
    - Gugelhupf
- Schokolade
- Pudding

HTML

```
<!DOCTYPE html>
<html>
<head>
</head>
<body>
<ul>
<li> Kuchen
<ul>
<li> Marmorkuchen </li>
<li> Gugelhupf </li>
</ul> </li>
<li> Schokolade </li>
<li> Pudding </li>
</ul>
</body>
</html>
```

Verlinkungen

Was wäre eine Webseite ohne Verlinkungen? Mit Links ist es möglich, andere Webseiten oder Inhalte bequem aufzurufen. Es gibt dabei verschiedene Arten von Verlinkungen, nämlich die Verlinkung von einer Webseite zu einer anderen Webseite, die Links innerhalb einer Webseite (teilweise schon durch die Navigation der Webseite vorgegeben), die Links innerhalb der gleichen Seite, sich in einem neuen Fenster öffnende Links und Links, die dein E-Mail-Programm starten, um eine neue E-Mail an den bestimmten Adressanten zu schreiben.

Manchmal stehen Links einfach als Text auf einer Webseite, manchmal auch in Form von Buttons, Bildern und Icons. Du kannst auch Links als Listen angeben und so eine kleine Navigation bauen. Hier gibt es Konventionen im Design, damit der Besucher merkt, dass es sich um Links handelt, auf die er klicken kann.

Jeder Link besteht aus dem a-Tag. Der tatsächliche Link befindet sich allerdings in dem Attribut des a-Tags. Der a-Tag umschließt lediglich den Text, auf den der User klicken wird, um zum Link zu gelangen.

Das Attribut des a-Tags ist href und der Parameter der Link. Wenn ich also Google verlinken möchte, werde ich folgenden Code verwenden:

```
<a href=https://www.google.com> Google </a>
```

Es ist wichtig, dass entweder im a-Tag ersichtlich wird, auf welche Seite man geleitet wird, wenn man auf den Text klickt, oder im Text davor darauf hingewiesen wird, was der User erwarten kann. Ein guter Text für den Link will gelernt sein. Du möchtest den User neugierig machen, aber darfst ihn auch nicht unangenehm überraschen oder einschüchtern. Du möchtest, dass der Text gut für Suchmaschinen geeignet ist, aber du willst auf keinen Fall, dass der User nichts mit dem Link anfangen kann. Abgesehen von diesen Kleinigkeiten ist der a-Tag sehr klar und eindeutig.

Für die Verlinkung gibt es zwei verschiedene URL-Typen. URL steht für „Uniform Resource Locator" und jede Webseite hat zwingend ihre eigene, individuelle URL. Eine absolute URL startet immer mit dem Namen der Domain und endet mit der spezifischen Seite. Wird die spezifische Seite nicht angegeben, zielt die URL auf die Startseite der Domain ab. Ein Beispiel für eine absolute URL wäre beispielsweise https://www.wikimedia.de/de/ueber-uns. Hier ist Wikimedia die Domain. Wenn es absolute URLs gibt, gibt es natürlich auch relative URLs. Diese Arten von URLs zielen auf andere Seiten innerhalb der gleichen Domain. In dem Fall bedeutet es, wenn ich innerhalb von wikimedia.de den Code verändere und die Seiten miteinander verlinken möchte, kann ich statt

https://www.wikimedia.de/de/ueber-uns einfach /de/ueber-uns verwenden.

Relative Links werden meist verwendet, wenn die Webseite im Code-Editor erstellt wird und noch gar keine Domain existiert, um die absoluten URLs zu verwenden. Hier ist es aber wichtig, dass die richtigen Namen für die Links verwendet werden. Dies ist insbesondere der Fall, wenn du mit mehreren Ordnern arbeitest, wie es später dann im Content-Management-System der Fall wäre. Vor allem bei größeren Webseiten mit vielen Seiten und medialen Inhalten sollte man für jede Seite einen eigenen Ordner erstellen.

Konventionell gibt es einen root folder. Damit ist der gesamte Ordner gemeint, in dem sich alle Dateien für die Webseite befinden. Im root folder befindet sich auch der index.html, also die Startseite der Webseite (bitte beachte, dass es Konvention ist, dass das Dokument von der Startseite index.html benannt wird, damit Browser automatisch die index.html-Datei aufrufen können und es problematisch ist, wenn deine

Startseite nicht index.html heißt). Von dort aus geht man weiter in die Unterordner. Für jede Seite gibt es einen neuen Unterordner, in dem sich die entsprechenden HTML-Dokumente (darunter wieder ein index.html für die Hauptseite des Unterordners) und die medialen Inhalte wie Bilder und Videos befinden.

Eben hatten wir folgende URL als Beispiel:

https://www.wikimedia.de/de/ueber-uns. Wie wir hier sehen können, gibt es hier einen root folder namens Wikimedia, mehrere Unterordner, wobei einer davon „de“ heißt. In dem Unterordner für de befindet sich die Datei ueber-uns. So kann eine mehrsprachige Webseite verschiedene Inhalte kontrollieren. Wie im Beispiel ersichtlich, müssen wir auch die Unterordner nennen, wenn wir ein Dokument aus einem Unterordner aufrufen möchten.

Wir halten also fest: Wenn wir von der Startseite von wikimedia.de mit Hilfe einer relativen URL auf die Seite ueber-uns verlinken möchten, müssen wir folgende URL benutzen: „de/ueber-uns“. Was ist aber, wenn wir uns auf der Seite ueber-uns befinden und auf die Startseite von wikimedia.de (also auf die erste Seite der Domain im Hauptordner) verlinken möchten? Auch hier gibt es einen einfachen Trick, nämlich mit folgender URL: „../index.html“. Du benötigst diese zwei Punkte, um einen Ordner nach oben zu gelangen. Wenn sich die Datei in einem Ordner befindet, der sich zwei Ebenen vom momentanen Ordner befindet, musst du eben ../../index.html schreiben.

Ein weiteres Beispiel für den Einsatz von Links sind E-Mail Links. Du kennst sicher die Webseiten, auf denen die E-Mail-Adressen der Ansprechpersonen vermerkt sind und man mit einem Klick auf die E-Mail-Adresse gleich das E-Mail-Programm öffnen kann, um eine E-Mail an die entsprechende Person zu verschicken. Hier ist kein Hexenwerk am Spiel, denn dies ist sehr einfach zu realisieren. Du musst hierfür lediglich den Parameter im Attribut des a-Tags verändern: mailto: beispiel@email.de muss im Attribut stehen. Der komplette Code sieht dann folgendermaßen aus:

```
<a href=mailto:beispiel@email.com> Schreibe eine E-Mail an mich! </a>
```

Nun geht es weiter mit weiteren interessanten Attributen für den a-Tag. Du merkst, dass der a-Tag zwar klein und unscheinbar scheint, aber trotzdem sehr viele Funktionen hat! Es gibt verschiedene Möglichkeiten, einen Link zu öffnen. Du kannst einen Link im gleichen Fenster öffnen oder im neuen Fenster! Mit Hilfe des Parameters _blank im target-Attribut kannst du den Link in einem komplett neuen Fenster öffnen. Dies kannst du nutzen, wenn du möchtest, dass der User danach wieder zu deiner Webseite zurückkommt und weiterliest. Im unteren Beispiel siehst du wie zwei Attribute für ein einziges Tag verwendet werden.

```
<a href=https://www.google.de target="_blank"> Google </a>
```

HTML: VERANKERUNGEN

Besonders bei längeren Seiten ist eine vertikale Navigation angebracht. So kannst du innerhalb einer Seite verlinken und der User muss nicht ewig scrollen, sondern kann direkt zu den relevanten Punkten springen. Realisiert wird das mit id-Attributen, die man bei fast jedem HTML-Tag verwenden kann.

> Wichtige Regeln für die Verwendung von IDs:
>
> - Die Namen für IDs fangen immer mit einem Buchstaben an, nie mit einem Sonderzeichen oder einer Zahl
> - Auf jeder Seite darf eine ID nur einmal vorkommen
> - Um auf eine ID zu verlinken, wird im href-Attribut die Raute benutzt: #name_der_ID

Wenn du dich fragst, warum das wichtig sein soll, brauchst du bloß an den „Scroll-To-Top"-Button denken, bei dem du mit einem Klick nach oben scrollen kannst. Dies wird meistens realisiert, indem auf den obersten Teil der Webseite verlinkt wird – eine interne Verlinkung.

HTML	Output
<!DOCTYPE html> <html> <head> </head> <body> **<h1 id="top"> Das ist der Anfang der Webseite</h1>** **<h2>Was ist das für eine Webseite</h2>** **<p>** **Hier findest du coole Sachen über coole Sachen.** **</p> ** **<hr>** **<p>Vergiss nicht, dich für den Newsletter anzumelden</p>** **<hr>** **<h2>Verschiedene Süßigkeiten</h2>** ** **	**Das ist der Anfang der Webseite** **Was ist das für eine Webseite** Hier findest du coole Sachen über coole Sachen. --- Vergiss nicht, dich für den Newsletter anzumelden --- **Verschiedene Süßigkeiten** • Keks • Schokolade • Gummibärchen • Marshmallows • Jelly Beans • Mozartkugeln • Pralinen • Eis --- **Ich will wieder nach oben** Kein Problem! Klick hier

<ul> **<li>Keks</li>** **<li>Schokolade</li>** **<li>Gummibär-** **chen</li>** **<li>Marshmal-** **lows</li>** **<li>Jelly Beans</li>** **<li>Mozartku-** **geln</li>** **<li>Pralinen</li>** **<li>Eis</li>** **</ul> ** **<hr> ** **<h2>Ich will wieder nach oben</h2>** **<p>Kein Problem! <a href="#top"> Klick hier </a></p>**</body> </html>	

Tippe diesen Code doch in deinen Editor ein und beobachte, was passiert, wenn du auf „Klick hier" klickst. Die IDs funktionieren übrigens auch, wenn du von einer anderen Seite auf den bestimmten Abschnitt verlinken möchtest. Benutze einfach die URL von der Seite und füg ein /#name_der_id ein! Name_der_id natürlich mit den Namen der vergebenen ID ersetzen.

Bilder

Bilder sind ein spannendes Thema im Webdesign. Als Webdesigner stelle ich mir immer die Frage, wie ich es schaffe, qualitativ hochwertige Fotos von meinen Klienten zu bekommen, welche Fotos gut aussehen auf Webseiten, wie diese Fotos auf einem mobilen Gerät aussehen und wie ich trotz qualitativ hochwertiger Fotos eine schnelle Ladezeit schaffe.

Es gibt verschiedene Arten von Bildern, die man auf einer Webseite einbinden kann. Dies können Logos, Banner, Fotos, Illustrationen oder Diagramme sein. Für alle Arten ist es wichtig, dass eine hohe Qualität angestrebt wird. Aber eine hohe Auflösung resultiert in immensen Dateigrößen. Und je größer die Dateien sind, die geladen werden müssen, umso mehr leidet die Geschwindigkeit der Website. Ist es also ein hoffnungsloser Fall? Keineswegs! In diesem Kapitel werden wir alles über die Benutzung von Bildern auf einer Webseite erfahren.

Wenn ich Fotos für ein Webdesign-Projekt aussuche, versuche ich mich an dem Branding des Unternehmens zu orientieren. Bilder und Grafiken sollen ähnliche Farben aufweisen, ähnliche Emotionen aufrufen und relevant sein. Der User soll mit den Fotos etwas anfangen können und es sollte ein einheitliches Gesamtbild entstehen. Im Grunde empfehle ich jedem Kunden, professionelle Fotos machen zu lassen. Wenn es tatsächlich keine Möglichkeit gibt, professionelle Fotos in die Webseite einzubinden, kann mit Fotos von Bildagenturen gearbeitet werden. Hier läuft aber die Gefahr, dass die gleichen Fotos auf mehreren Webseiten erscheinen und so der individuelle Wiedererkennungseffekt ausbleibt. Eine weitere Möglichkeit ist die Auflockerung der Webseite mit Vektor-Grafiken und schönen Dividern. Auch der farbliche Hintergrund lässt sich verwenden, um mehr Farbe ins Spiel zu bringen.

Best Practice für die Benutzung von Bildern auf der Webseite ist das Verwenden eines eigenen Ordners für Bilder. Wenn du mit einem Content Management System wie WordPress.org arbeitest, wird dies automatisch erledigt. Ansonsten kannst du einen Ordner erstellen und Bilddateien in diesen Ordner legen. Bei größeren Webseiten kann man diesen Ordner gegebenenfalls noch unterteilen in verschiedene Sektionen.

Für das Einbinden von Bildern auf der Webseite wird der img-Tag benutzt. Dieser ist selbstschließend und kann somit alleinstehen. Wichtig für diesen Tag ist das Attribut src. Src bedeutet Source und weist damit auf die Quelle des Bildes hin. Es kann also auf eine Bild-URL zielen, als auch auf eine Datei in dem Bilder-Ordner. Ein wichtiges Attribut, das oft übersehen und vergessen wird, ist das alt-Attribut. Dieses Attribut ist wichtig, wenn ein Bild nicht wiedergegeben werden kann, wenn Suchmaschinen die Webseite crawlen (also durchlaufen) oder, wenn die Seite vorgelesen werden soll. Mit dem alt-Attribut beschreibst du das Bild so, dass der Inhalt des Bildes verstanden werden kann, wenn das Bild nicht wiedergegeben wird. Hier ist ein Beispiel:

```
<img src="https://images.unsplash.com/photo-1553349450-0cede7c622cf?ixlib=rb-1.2.1&q=80&fm=jpg&crop=entropy&cs=tinysrgb&w=1080&fit=max&ixid=eyJhcHBfaWQiOjF9" alt="angebissener Chocolate-Chip-Cookie">
```

Und hier ist das Ergebnis:

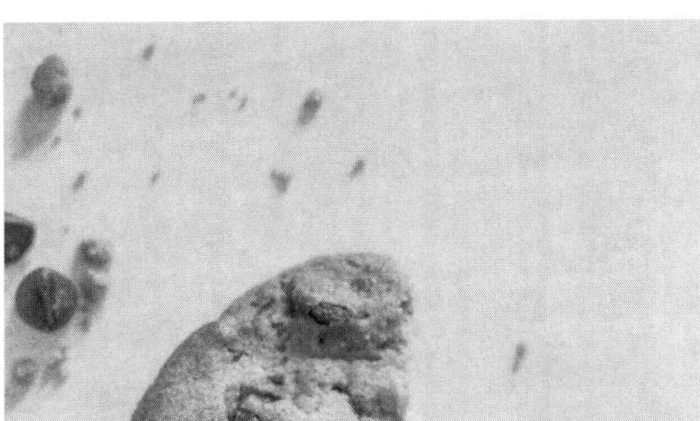

Das Bild ist viel zu groß und man müsste scrollen, um den Rest vom Bild zu sehen. Wie gut, dass man mit Hilfe von HTML auch gleichzeitig die Größe ändern kann! Durch Hinzufügen des Attributes width für Weite können wir die Größe des Bildes bestimmen. Die Weite wird in Pixeln bestimmt.

Hier ist der Code und das Ergebnis:

```
<img src="https://images.unsplash.com/photo-1553349450-0cede7c622cf?ixlib=rb-1.2.1&q=80&fm=jpg&crop=entropy&cs=tinysrgb&w=1080&fit=max&ixid=eyJhcHBfaWQiOjF9" alt="angebissener Chocolate-Chip-Cookie" width="400">
```

Du kannst ebenso die Höhe bestimmen mit dem height-Attribut. Die Einheit ist wieder in Pixeln. Was wir hier gemacht haben, ist allerdings keine Good Practice. Die beste Variante ist es, die Fotos direkt in der richtigen Größe zur Verfügung zu haben, damit der Browser keine Zeit verschwendet, das Bild noch zurecht zu schneiden. Bei Webseiten zählt jede einzelne Sekunde. Wir haben auch verschiedene Möglichkeiten, ein Bild zu positionieren.

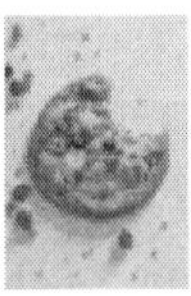

Das ist ein leckerer Keks, den meine Oma gebacken hat. Ich konnte mich leider nicht beherrschen und habe ihn bereits angebissen, da er frisch aus dem Ofen kommt und frische Kekse immer am besten schmecken.

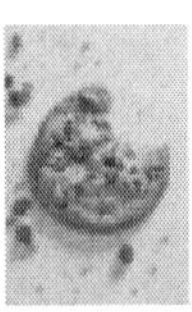
Das ist ein leckerer Keks, den meine Oma gebacken hat. Ich konnte mich leider nicht beherrschen und habe ihn bereits angebissen, da er frisch aus dem Ofen kommt und frische Kekse immer am besten schmecken.

Das ist ein leckerer Keks, den meine Oma gebacken hat. Ich konnte mich leider nicht beherrschen und habe ihn bereits angebissen , da er frisch aus dem Ofen kommt und frische Kekse immer am besten schmecken.

```
<!DOCTYPE html>
<html>
<head>
</head>
<body>
<img src="https://images.unsplash.com/photo-1553349450-0cede7c622cf?ixlib=rb-1.2.1&q=80&fm=jpg&crop=en-tropy&cs=tinysrgb&w=1080&fit=max&ixid=eyJhcHBfaWQi-OjF9" alt="angebissener Chocolate-Chip-Cookie" width="50">
<p>
 Das ist ein leckerer Keks, den meine Oma gebacken hat. Ich konnte mich
 leider nicht beherrschen und habe ihn bereits angebissen, da er frisch
 aus dem Ofen kommt und frische Kekse immer am besten schmecken.
</p>
<hr>
<p> <img src="https://images.unsplash.com/photo-1553349450-0cede7c622cf?ixlib=rb-1.2.1&q=80&fm=jpg&crop=entropy&cs=ti-nysrgb&w=1080&fit=max&ixid=eyJhcHBfaWQiOjF9" alt="ange-bissener Chocolate-Chip-Cookie" width="50">
 Das ist ein leckerer Keks, den meine Oma gebacken hat. Ich konnte mich
```

```
 leider nicht beherrschen und habe ihn bereits angebissen, da
er frisch
 aus dem Ofen kommt und frische Kekse immer am besten
schmecken.
</p>
<hr>
<p>
 Das ist ein leckerer Keks, den meine Oma gebacken hat. Ich
konnte mich
 leider nicht beherrschen und habe ihn bereits angebissen <img
src="https://images.unsplash.com/photo-1553349450-
0cede7c622cf?ixlib=rb-1.2.1&q=80&fm=jpg&crop=ent-
ropy&cs=tinysrgb&w=1080&fit=max&ixid=eyJhcHBfaWQiOjF9"
alt="angebissener Chocolate-Chip-Cookie" width="50">, da er
frisch
 aus dem Ofen kommt und frische Kekse immer am besten
schmecken.
</p>
</body>
</html>
```

Bei dem ersten Beispiel ist das Bild wie gewünscht über dem Paragrafen. Der img-Tag ist ein inline-Element, was bedeutet, dass, wenn dieser sich in einem Block-Element befindet, keine neue Zeile beginnt. Block-Elemente sind die h-Elemente und p-Elemente. Im zweiten und dritten Beispiel befindet sich der img-Tag innerhalb eines p-Elements, daher wird der Text einfach weitergeführt und lediglich Platz für das Bild gelassen.

Ein weiteres Attribut, das benutzt werden kann ist das align-Attribut. Das align-Attribut richtet das Bild links, rechts oder in der Mitte aus. Parameter sind also left, right, top, middle and bottom. Mit der linksbündigen Ausrichtung sieht das zweite Beispiel von vorne viel schöner aus.

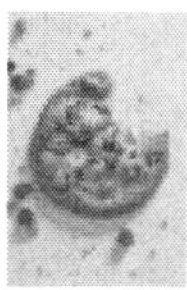

Das ist ein leckerer Keks, den meine Oma gebacken hat. Ich konnte mich leider nicht beherrschen und habe ihn bereits angebissen, da er frisch aus dem Ofen kommt und frische Kekse immer am besten schmecken.

```
<!DOCTYPE html>
<html>
<head>
</head>
<body>
<p> <img src="https://images.unsplash.com/photo-1553349450-0cede7c622cf?ixlib=rb-1.2.1&q=80&fm=jpg&crop=entropy&cs=tinysrgb&w=1080&fit=max&ixid=eyJhcHBfaWQiOjF9" alt="angebissener Chocolate-Chip-Cookie" width="50" align="left">
 Das ist ein leckerer Keks, den meine Oma gebacken hat. Ich konnte mich
 leider nicht beherrschen und habe ihn bereits angebissen, da er frisch
 aus dem Ofen kommt und frische Kekse immer am besten schmecken.
</p>
</body>
```

```
</html>
```

Einer meiner Lieblingswerkzeuge für das Verkleinern von Fotos ist squoosh.app. Dieses Tool ist von Google entwickelt, schnell anzuwenden und funktioniert ohne Registrierung und Anmeldung. Mit nur wenigen Klicks kannst du das Foto anpassen und herunterladen. Du siehst sogar, wie viel Größe du einsparst!

In den Einstellungen wirst du auch gefragt, in welchem Format du dein Bild speichern möchtest. Ich benutze gern png für Logos oder für Grafiken mit wenig Farben. Wenn du Fotos mit tausenden Farben hast, empfehle ich jpg als Format.

Zusätzlich zum img-Tag kannst du den figure-Tag benutzen, um deinem Bild eine Bildunterschrift hinzuzufügen. Dies funktioniert folgendermaßen:

```
<figure>
<img src="https://images.unsplash.com/photo-1553349450-
0cede7c622cf?ixlib=rb-1.2.1&q=80&fm=jpg&crop=entropy&cs=ti-
nysrgb&w=1080&fit=max&ixid=eyJhcHBfaWQiOjF9" alt="angebisse-
ner Choco-late-Chip-Cookie" width="50">
<figcaption>Sieht das nicht lecker aus? </figcaption>
</figure>
```

Und schon hast du eine Bildunterschrift, eine sogenannte Caption! Das gesamte Bild samt Bildunterschrift befindet sich in dem figure-Tag. Die Bildunterschrift wird mit dem figcaption-Tag realisiert. Im Grunde wird dies als ein kleiner Text unter dem Bild dargestellt – du könntest also theoretisch auch einfach ein p-Element hernehmen. Das p-Element ist dann aber nicht zwingend mit dem Bild verbunden, während bei dem figure-Tag eine direkte Beziehung zwischen dem Bild und der Bildunterschrift herrscht.

Tabellen

Tabellen eignen sich hervorragend, um komplexere Sachverhältnisse verständlich und visuell attraktiv darzustellen. Für Webseiten gibt es verschiedene Inhalte, die gut geeignet sind, um in Tabellenform dargestellt zu werden. Preisübersichten, vor allem bei komplexeren Preismodellen, werden gerne in Tabellen visualisiert. Wenn du auf die Webseite des Anbieters von deinem Hostingserver gehst, siehst du, dass die Preise mit all ihren Features und Konditionen übersichtlich in einer Tabelle dargestellt werden.

Auch Veranstaltungslisten sowie das Fernsehprogramm oder die Resultate von Fußballspielen können in einer Tabelle dargestellt werden. Der Grund, warum so gerne mit Tabellen gearbeitet wird, ist, dass man sehr viele Gestaltungsmöglichkeiten hat und man Informationen leicht verständlich aufbereiten kann. Der Grundgedanke ist, dass eine Tabelle aus Zellen besteht. In jeder Zelle befindet sich eine Information.

Die einfachste Struktur einer Tabelle besteht aus den table-Tags, den tr-Tags und den td-Tags. Alles, was sich innerhalb der table-Tags befindet, gehört zur Tabelle. Jede Tabelle besteht aus Reihen und in jeder Reihe befinden sich die Informationen in den Zellen. Um eine Tabelle mit HTML zu kreieren, musst du daher erst die Tabelle mit den table-Tags definieren. Anschließend setzt du die gewünschte Anzahl an tr-Tags. In jedem tr-Tag definierst du zuletzt die td-Tags mit den Informationen.

```
<!DOCTYPE html>
<html lang="en" dir="ltr">
  <head>
    <meta charset="utf-8">
```

Cookies	Kekse
Cake	Kuchen
Chocolate	Schokolade

```
  <title></title>
 </head>
 <body>
  <table>
   <tr>
    <td> Cookies </td>
    <td> Kekse </td>
   </tr>
   <tr>
    <td> Cake </td>
    <td> Kuchen </td>
   </tr>
   <tr>
    <td> Chocolate </td>
    <td> Schokolade </td>
   </tr>
  </table>
 </body>
</html>
```

In diesem Beispiel haben wir drei Reihen gebildet mit jeweils zwei Informationsblöcken. Mit dieser einfachen Tabelle ist es noch nicht möglich, komplexe Sachverhältnisse verständlich darzustellen. Die Struktur der Tabelle kann aber bereits geahnt werden, auch, wenn die Tabelle noch keine Rahmenlinien hat. Außerdem fehlen in der Tabelle die

Überschriften der Spalten, damit ersichtlich wird, dass die linke Spalte die Wörter auf Englisch darstellt und auf der rechten Spalte die Wörter auf Deutsch dargestellt werden.

Im nächsten Schritt betrachten wir die th-Tags. Wir können mit th-Tags den Spalten Überschriften geben. Wie bei den td-Tags handelt es sich hier um Informationen, die wiedergegeben werden. Ein wichtiger Punkt, der beachtet werden muss, ist, dass die Anzahl der Zellen pro Zeile konstant bleiben muss. Jede Zeile muss also die gleiche Anzahl an Zellen haben. Was passiert also, wenn eine Information nicht benötigt wird und nicht für jede Spalte eine Überschrift benutzt wird? In diesem Fall ist es notwendig, dass der td-Tag oder der th-Tag trotzdem angewendet wird, auch, wenn die Information leer gelassen wird. Dies ist notwendig, damit die Tabelle auch als Tabelle wiedergegeben wird.

Die th-Tags sind notwendig, damit der Leser den Überblick nicht verliert und sich mit der Tabellenstruktur gut auskennt. Für Suchmaschinen oder Geräte, die den Text anschließend vorlesen, sind diese Informationen letztendlich ausschlaggebend für die richtige Wiedergabe und Einordnung.

Im th-Tag wird das Scope-Attribut benutzt. Das Scope-Attribut definiert die Art der Überschrift. Das bedeutet, dass du mit Hilfe dieses Attributes definierst, ob die Überschrift für eine Zeile gilt oder für eine Spalte. Parameter dieses Attributes sind also „col“ für column, also Spalte, und „row“ für Reihe.

```
<!DOCTYPE html>
<html lang="en" dir="ltr">
 <head>
  <meta charset="utf-8">
  <title></title>
 </head>
 <body>
  <table>
<tr>
 <th> Englisch </th>
 <th> Deutsch </th>
</tr>
    <tr>
     <td> Cookies </td>
     <td> Kekse </td>
    </tr>
    <tr>
     <td> Cake </td>
     <td> Kuchen </td>
    </tr>
    <tr>
     <td> Chocolate </td>
     <td> Schokolade </td>
    </tr>
   </table>
  </body>
 </html>
```

Englisch	Deutsch
Cookies	Kekse
Cake	Kuchen
Chocolate	Schokolade

Siehst du, wie die Überschriften automatisch fett geschrieben werden? Außerdem sieht es aus, als seien sie etwas eingerückt. Tatsächlich werden die Überschriften meistens in der Mitte der Zelle zentriert. Du kannst übrigens die Tabelle ganz einfach mit CSS stylen, daher brauchst du dir keine Gedanken über das automatische Styling, das hier vorgenommen wurde, machen.

Jetzt gibt es noch Tabellen, in denen Zellen eventuell verbunden werden. Das bedeutet, dass die gleiche Zelle über verschiedene Reihen oder verschiedene Spalten greift. Dieses Problem wird einfacher gelöst, als du es dir vielleicht vorgestellt hast. Wir unterscheiden hier zwischen zwei Fällen. Im ersten Fall greift die gleiche Zelle über mehrere Spalten. Das Einzige, was du machen musst, ist es zu der Zelle, mit den übergreifenden Informationen, das Attribut colspan hinzuzufügen. Der Parameter dieses Attributes ist die Anzahl der Zellen, die verbunden werden. Wenn die Zelle also doppelt so groß sein soll, benutzen wir den Parameter 2. Im nachfolgenden Beispiel fügen wir eine weitere Zelle an, die über zwei Spalten greifen soll.

```
<!DOCTYPE html>
<html lang="en" dir="ltr">
  <head>
    <meta charset="utf-8">
    <title></title>
  </head>
  <body>
    <table>
<tr>
  <th> Englisch </th>
```

Englisch	**Deutsch**
Cookies	Kekse
Cake	Kuchen
Chocolate	Schokolade
Pfefferminzkeks	

```
  <th> Deutsch </th>
</tr>
    <tr>
      <td> Cookies </td>
      <td> Kekse </td>
    </tr>
    <tr>
      <td> Cake </td>
      <td> Kuchen </td>
    </tr>
    <tr>
      <td> Chocolate </td>
      <td> Schokolade </td>
    </tr>
    <tr>
      <td colspan="2"> Pfef-
ferminzkeks </td>
    </tr>
   </table>
  </body>
</html>
```

Eine weitere Möglichkeit der Zellenverbindung besteht darin, mehrere Reihen miteinander zu verknüpfen. Hier wird das gleiche Prinzip wie bei der anderen Option angewendet; allerdings benutzen wir hier das Attribut rowspan mit der Anzahl der verbundenen Reihen als Parameter.

```
<!DOCTYPE html>
<html lang="en" dir="ltr">
 <head>
  <meta charset="utf-8">
  <title></title>
 </head>
 <body>
  <table>
<tr>
 <th> Englisch </th>
 <th> Deutsch </th>
</tr>
   <tr>
    <td rowspan="2"> Cookies </td>
    <td> Kekse </td>
   </tr>
   <tr>
    <td> Kuchen </td>
   </tr>
   <tr>
```

Englisch	Deutsch
Cookies	Kekse
	Kuchen
Chocolate	Schokolade
Pfefferminzkeks	

<td> Chocolate </td> <td> Schokolade </td> </tr> <tr> <td colspan="2"> Pfefferminzkeks </td> </tr> </table> </body> </html>	

Wie du hier deutlich sehen kannst, wird die Information „Cookies" in der Mitte von zwei Reihen platziert. In der Reihe, die darauffolgt, wird dann nur die Information nach der Zelle definiert. Die übernommene Zelle wurde gar nicht definiert.

Mit den th-Tags haben wir bereits eine schöne Struktur erhalten. Eine Tabelle kannst du aber auch mit einer hierarchischen Struktur versehen wie bei unserem HTML-Dokument mit den head-Tags und den body-Tags. Bei der Tabelle heißen diese Tags thead, tbody and tfoot und definieren somit die Kopfzeilen der Tabelle, den Inhalt der Tabelle und die Fußzeilen der Tabelle. Es ist nicht zwingend notwendig, dass du diese Tags verwendest, aber es ist empfehlenswert, denn so kannst du später mit CSS diese drei Bereiche unterschiedlich gestalten. Außerdem ist eine hierarchische Struktur immer wichtig für Suchmaschinen sowie Geräte, die den Inhalt einer Webseite vorlesen würden.

Ein weiteres Argument für das Einsetzen von thead, tbody und tfoot ist, dass Browser bei Tabellen mit längerem Inhalt die Zellen in thead and tfoot fixiert, sodass es für den Leser angenehmer ist, den Inhalt zu lesen und zu verstehen. Im nachfolgenden Beispiel wurde die Tabelle in Kopf, Inhalt und Fuß unterteilt. Es sind keine visuellen Änderungen ersichtlich.

```
<!DOCTYPE html>
<html lang="en" dir="ltr">
 <head>
  <meta charset="utf-8">
  <title></title>
 </head>
 <body>
<table>
 <thead>
  <tr>
   <th> Englisch </th>
   <th> Deutsch </th>
  </tr>
 </thead>
 <tbody>
  <tr>
   <td> Cookies </td>
   <td> Kekse</td>
  </tr>
  <tr>
```

Englisch	Deutsch
Cookies	Kekse
Cake	Kuchen
Chocolate	Schokolade
In der Weihnachtsbäckerei	

<td> Cake </td> <td> Kuchen </td> </tr> <tr> <td> Chocolate </td> <td> Schokolade </td> </tr> </tbody> <tfoot> <tr> <td colspan="2"> In der Weihnachtsbäckerei </td> </tr> </tfoot> </table> </body> </html>	

Formulare

Formulare sind eines der wichtigsten Bestandteile einer Webseite. Fast überall begegnen uns Formulare. Seien es Formulare, um sich für einen Newsletter anzumelden, sich in Facebook einzuloggen, eine Bestellung abzuschließen oder eine Kontaktanfrage zu verschicken. Möglichkeiten für Formulare sind unendlich, denn diese helfen schließlich beim Sammeln von Informationen. Während es mittlerweile für Wordpress zahlreiche Plugins gibt, die dir dabei helfen, Formulare zu erstellen, gibt es immer die Möglichkeit, seine eigenen Formulare zu erstellen. Das Tolle dabei ist, dass du mit Hilfe von CSS dein Formular ganz nach deinem Belieben gestalten kannst und nicht von Plugins abhängig sein musst.

Das größte Formular, das du kennst und das du bestimmt tagtäglich benutzt, ist das Suchformular auf der Startseite von Google. Google ist schließlich eine Suchmaschine und die wichtigste Funktion von Google ist es, dir beim Finden von Informationen zu helfen. Dies funktioniert, indem du in das Suchfeld deinen Suchbegriff eingibst – du teilst also mit dem Suchfeld einen Befehl an Google mit.

Es gibt verschiedene Arten von Formularfeldern, die auf deiner Webseite einbinden kannst. Zu den wichtigsten Feldern gehören folgende:

- Textfeld (Einzeiler): Dieses Feld ist dafür geeignet, wenn man E-Mail-Adressen oder Namen eingeben soll. Der Platz reicht aus, um eine Zeile Text zu speichern.
- Textfeld (Mehrzeiler): Dieses Feld ist dafür geeignet, wenn man längere Nachrichten verschicken will oder längere Kommentare posten möchte. Meistens sind diese Felder so gestaltet, dass man sie nach

Bedarf größer ziehen kann, indem man mit dem Mauszeiger die rechte untere Ecke greift, gedrückt hält und nach unten zieht.
- Passwort (Einzeiler): Dieses Feld ist natürlich für Passwörter geeignet. Vom Prinzip her ist dieses Feld dem Textfeld (Einzeiler) sehr ähnlich. Beim Eingeben der Zeichen werden die Zeichen allerdings unkenntlich gemacht, beispielsweise durch Ersetzen der Zeichen mit monochromen Punkten.
- Radio Button: Dies ist für Auswahloptionen geeignet. Der User kann mit Hilfe der Radio Buttons eine Auswahl treffen. Im Gegensatz zu Checkboxes ist es hier nur möglich, eine Auswahl auszutreffen (sogenanntes Single Select).
- Checkboxes: Wenn der User die Möglichkeit hat, verschiedene Optionen anzuklicken, sind Checkboxes die bessere Wahl. Hier handelt es sich um ein Multiple Select.
- Drop-down Boxes: Auch hier hat der User eine Auswahl. Diese Option ist dem Radio Button sehr ähnlich, denn auch hier kann nur eine Auswahl getroffen werden. Der Unterschied liegt in der Visualisierung der Informationen, denn es ist nicht auf dem ersten Blick ersichtlich, welche Optionen es gibt. Stattdessen muss der User erst die Drop-down Box anklicken, damit die Optionen ausgerollt werden.
- Submit Button: Dieser Button ist ein Button, der aus einem Text (der Aufforderung) besteht. Mit diesem Button werden die Informationen des Besuchers gespeichert oder die Funktion, die mit diesem Button verknüpft wird, ausgeführt.
- Bild Button: Dieser Button ist ähnlich wie der Submit Button. Anstelle des Textes steht hier ein Bild, auf das man klicken kann, um die Funktion auszuführen. Die Herausforderung liegt darin, diesen Button so zu gestalten, dass der User auf den ersten Blick die Funktion erkennt.
- Dateien hochladen: Dieses Formularfeld ist eine einfache Möglichkeit, um Dateien von Usern zu erhalten. Der User kann Dateien auf seinem

Computer durchsuchen und dann hochladen, ohne sein E-Mail-Programm zu öffnen.

Vielleicht fragst du dich nun, wie Formulare funktionieren, denn HTML und CSS sind eher statisch. Wie kann eine dynamische Funktion ausgeführt werden? Tatsächlich werden richtige Funktionen oder das Speichern in Datenbanken nur in Zusammenhang mit den Programmiersprachen PHP, C# oder Java ausgeführt. Dabei werden dann die Namen der Formularfelder zusammen mit dem eingegebenen Wert gespeichert.

Ein Formular kann verschiedene Formularfelder haben. Für eine eindeutige Identifizierung reicht es also nicht, einfach nur die Werte zu speichern. Stattdessen werden die Name-Werte-Paare gespeichert.

Wenn sich jemand nun für eine Seite registriert, braucht er wahrscheinlich einen Usernamen. Der Wert wird dann der gewählte Nickname. Sehen wir uns das einmal genauer an:

```
Username = Keksebaecker
```

In diesem Fall ist Username der Name des Paares. Keksebaecker ist der Wert. Wir haben somit ein Name-Werte-Paar (Username-Keksebaecker).

Wie bauen wir nun so ein Formular auf? Jedes Formular muss sich zwischen den form-Tags befinden. Nun wird es etwas komplizierter, denn der form-Tag benötigt die Attribute action und method. Das action-Attribut ist wichtig, weil dieser die URL beinhaltet von der Seite auf dem Server, der mit den Informationen in dem Formular arbeitet, beziehungsweise die Funktion auslösen wird.

Das method-Attribut hat zwei Parameter, nämlich get oder post. Bei dem get-Parameter werden die Werte vom Formular an die URL im action-Attribut angehängt. Das bedeutet allerdings, dass diese Methode nur brauchbar ist, wenn es sich nur um kurze Formulare handelt (beispielsweise der Suche), wenn der User Dateien empfangen und nicht senden will.

Formulare mit dem post-Parameter sind sicherer, denn die Werte vom Formular werden in http-Köpfen gesendet. Im Regelfall sind diese Formulare daher besser geeignet, um Werte wie Passwörter oder sensitive Dateien zu übertragen. Auch eignet sich diese Methode, wenn es sich um ein langes Formular mit vielen Werten handelt.

Der Browser arbeitet in der Regel mit dem get-Parameter, wenn nichts spezifiziert wird.

Um das Formular noch zu füllen, benötigen wir idealerweise einen p-Tag und einen input-Tag. Der p-Tag ist dafür da, um den User zu informieren, was sich im Formularfeld befindet und, was er eingeben soll. Das Formularfeld wird durch den input-Tag definiert. Der input-Tag kann bei verschiedenen Formularfeldern benutzt werden. Definiert wird er durch das type-Attribut. Mit diesem Attribut kannst du die Art des Formularfeldes definieren. In unserem Fall benötigen wir ein Textfeld (Einzeiler). Weitere wichtige Attribute sind Name, damit wir ein Name-Werte-Paar erhalten. In dem nachfolgenden Beispiel wurde auch noch das maxlength-Attribut benutzt, um die Anzahl der Zeichen zu beschränken.

<!DOCTYPE html> <html lang="en" dir="ltr"> <head> <meta charset="utf-8"> <title></title>	

</head> <body> <form action="in- dex.html" method="post"> <p> Username <input type="text" name="username " maxlength="20"> </p> </form> </body> </html>	

Um die Registrierung perfekt zu machen, benötigen wir noch das Formularfeld Passwort. Hier wird wieder der input-Tag verwendet, allerdings ist der Parameter zum type-Attribut password. Manchmal wird auch hier das Attribut maxlength benutzt, um die Länge des Passwortes zu begrenzen. Bei diesem Formularfeld wird auf dem Bildschirm jedes Zeichen durch einen Punkt ersetzt. Dies bedeutet allerdings nicht, dass es sicher ist. Stattdessen wird das Passwort regulär in der Datenbank gespeichert. Eine richtige Verschlüsselung funktioniert nur, wenn der Server SSL (Secure Sockets Layer) benutzt. SSL ist ein Sicherheitsmerkmal, das auch beim Ranking von Webseiten bei Google eine große Rolle spielt. Im Regelfall solltest du niemals dein Passwort dort eingeben, wo es keine SSL-Verschlüsselung gibt.

Das mehrzeilige Textfeld wird nicht wie bei den anderen Feldern mit dem input-Tag initiiert. Stattdessen hat dieses den textarea-Tag. Auch für diesen benötigst du ein name-Attribut. Weitere Attribute für diesen Tag sind rows und cols. Mit rows definierst du, wie viele Zeilen dein Textfeld haben soll. Mit cols definierst du die Breite des Textfeldes in Anzahl der Zeichen.

```
<!DOCTYPE html>
<html lang="en" dir="ltr">
  <head>
    <meta charset="utf-8">
    <title></title>
  </head>
  <body>
<form action="index.html" method="post">
  <p> Username
    <input type="text" name="username" maxlength="20">
```

```
  </p>
  <p> Passwort
    <input type="password" name="Passwort" maxlength="20">
  </p>
  <p> Dein Lieblingsrezept </p>
  <textarea name="Lieblingsrezept" rows="8" cols="80"></textarea>
</form>
  </body>
</html>
```

Ein weiteres Formularfeld sind Radio Buttons. Diese Buttons werden mit dem input-Tag mit dem type-Attribut radio initiiert. Für jede Option benötigst du einen input-Tag. Zusätzlich dazu benötigst du einen name-Tag, der für alle Radio Buttons gleich sein muss. Die Optionen legst du als Wert im value-Tag fest. Außerdem kannst du den Status des Buttons festlegen, das heißt, welcher Button von Beginn an angeklickt ist. Hier darf immer nur ein Button den Status „checked" haben.

```
<!DOCTYPE html>
<html lang="en" dir="ltr">
 <head>
   <meta charset="utf-8">
   <title></title>
```

```
 </head>
 <body>
<form action="index.html" method="post">
<p>
Was isst du gerne?
<input type="radio" name="food" value="keks" checked="checked"
/> Keks
<input type="radio" name="food" value="Kuchen" /> Kuchen
<input type="radio" name="food" value="Schokolade" /> Schoko-
lade


</p>
</form>
 </body>
</html>
```

Ähnlich funktionieren auch Checkbox Buttons. Statt radio im type-Attribut wird checkbox im type-Attribut benutzt. Ansonsten wird auch das name-Attribut und das value-Attribut verwendet.

Nun kommen wir zur Dropdown Box. Die Dropdown Box wird verwendet, wenn der User aus einer Liste mit Optionen seine Auswahl treffen soll. Mit dem select-Tag startest du das Dropdown. In diesem Tag befinden sich alle Optionen, die treffend mit dem option-Tag definiert werden. Für ein Dropdown werden mindestens zwei Optionen benötigt. Im option-Tag ist es wichtig, dass der Wert definiert wird. Zwischen den option-Tags befindet sich dann das, was der User zur Auswahl zu Gesicht bekommen wird.

Dropdowns werden gerne benutzt, eignen sich aber nicht zwingend für alle Fälle. Wenn der User alle Optionen auf einem Blick sehen soll, sind Radio Buttons besser geeignet, denn beim Dropdown ist der User gezwungen, das Dropdown zu öffnen. In manchen Fällen, wie beispielsweise bei der Länderwahl, ist das Dropdown zu bevorzugen, da bei der Existenz von sehr vielen Optionen Radio Buttons einfach unübersichtlich werden.

Im unteren Beispiel siehst du auch, dass der User den Parameter im value-Attribut nicht sieht. Er sieht nur den deutschen Begriff, der sich zwischen den option-Tags befindet.

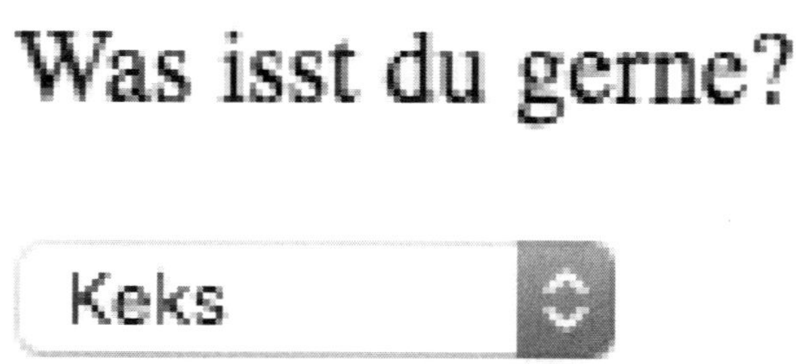

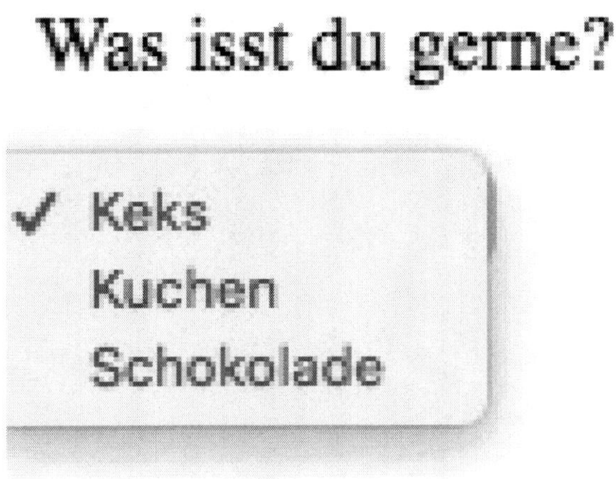


```
<!DOCTYPE html>
<html lang="en" dir="ltr">
  <head>
    <meta charset="utf-8">
    <title></title>
  </head>
  <body>
<form action="index.html" method="post">
<p>
Was isst du gerne? </p>
<select name="snack">
  <option value="cookie"> Keks </option>
  <option value="cake"> Kuchen </option>
  <option value="chocolate"> Schokolade </option>
</select>
```

```
</form>
 </body>
</html>
```

Um den User Dateien hochladen zu lassen, kannst du den input-Tag benutzen. Als Parameter für das Attribut type benötigst du „file". Für dieses Formularfeld benötigst du die post-Methode für den form-Tag. Wichtig ist noch der Submit Button, den wir im nächsten Schritt besprechen werden.

Der Submit Button wird ebenfalls mit dem input-Tag initiiert. Der Parameter für das Attribut type ist in diesem Fall „submit".

Das value-Attribut hat als Parameter den Text, der auf dem Button erscheint. Wenn du längere Formulare hast und gerne mit Hilfe von Gruppierungen das Formular übersichtlicher gestalten willst, kannst du das fieldset-Tag verwenden. Damit kannst du einzelne Elemente in einem Formular gruppieren. In den Browsern werden dann klare Kasten mit einer Überschrift für jede Gruppierung angezeigt. Diese Überschriften definierst du in den legend-Tags.

```
<!DOCTYPE html>
<html lang="en" dir="ltr">
 <head>
  <meta charset="utf-8">
  <title></title>
 </head>
 <body>
<form action="index.html" method="post">
<fieldset>
<legend> Lieblingssnacks </legend>
<p>
Was isst du gerne? </p>
<select name="snack">
 <option value="cookie"> Keks </option>
 <option value="cake"> Kuchen </option>
 <option value="chocolate"> Schokolade </option>
</select>
```

```
</fieldset>
</form>
 </body>
</html>
```

Um zu kennzeichnen, dass ein Feld benötigt wird, um das Formular abzuschicken, gibt es eine sehr einfache Option. Im HTML-Dokument kannst du einfach im input-Tag das Attribut required mit dem Parameter required verwenden. Dies definiert die Bedingung, dass das entsprechende input-Tag für das Ausfüllen des Formulars unabdingbar ist.

Als Webdesigner ist diese Funktion sehr wichtig, denn so können Fehler von Beginn an verhindert werden. Für den User ist das Ausfüllen des Formulares dann auch einfacher, denn er weiß ganz genau, ob das Formular richtig ausgefüllt wurde. Eine weitere Option, um Fehler zu vermeiden, ist, statt eines Text-Inputs das E-Mail-Tag zu verwenden.

Im Grunde bedeutet dies, dass der Browser versteht, ob die eingegebene E-Mail korrekt eingegeben wurde und so Syntax-Fehler vermeiden kann. Smartphones können so auch in der Lage sein, aufgrund der Definition des E-Mail-Tags auf dem Eingabefeld das „@“-Zeichen und die „.com“-Endung anzugeben, um dem User das Eingeben zu vereinfachen. Dafür benutzt du einfach das input-Tag mit dem Attribut type und dem Parameter email. Das Gleiche funktioniert übrigens auch, wenn du den Link einer Webseite als Eingabefeld haben möchtest. Du definierst hier den input type mit „url“. Smartphones werden dem User die typischen Endungen für einen Link wie „.com“ anzeigen.

Beispiel: <input type="email" name="E-Mail" />

Bonus-Tags

Mit den bisher gelernten Tags solltest du bereits in der Lage sein, deine ersten Webseiten aufzubauen. Alle Webseiten bestehen im Grunde aus den bisher gelernten Elementen:

- Überschriften
- Paragraphen
- Buttons
- Bilder
- Links
- Formulare

Auch die Navigation auf Webseiten ist letztendlich auch nur eine Anreihung von Links, die horizontal aufgestellt wurden. Im Webdesign geht es darum, erst einmal eine Struktur mithilfe von HTML zu erschaffen. Wenn du dann CSS benutzt, kannst du jeder Webseite ihren individuellen Stil geben. Im Folgenden werden noch weitere Möglichkeiten gezeigt, wie du dir mithilfe von HTML dein Leben leichter machen kannst. Übersichtlichere Codes, einfachere Webseiten, die für Suchmaschinen besser zugänglich sind, ...

Diese Tags sind sehr einfach, aber dennoch so wichtig. Ich benutze viele dieser Tags sehr oft und fast bei jedem Projekt (auch, wenn der User einige davon gar nicht zu Gesicht bekommt!). Ich empfehle dir, diese Tags in deinen Notizen zu speichern oder auf eine Haftnotiz in der Nähe deines Schreibtisches zu kleben. Ich habe diese Tags jederzeit in meiner Nähe. Wie kannst du deinen HTML-Code übersichtlicher gestalten? Atom hilft dir bereits bei der farblichen Einordnung von den Tags, aber so richtig übersichtlich wird dein Code nur, wenn du deinen Code kommentieren kannst. Hierzu verwendest du Folgendes:

```
<!-- -->
```

Das sieht erst einmal sehr merkwürdig aus, aber alles, was sich in der Mitte befindet, wird vom Browser komplett ignoriert. Das heißt, der Text wird nicht wiedergegeben, sondern dient nur zur Übersicht.

```
<!—Hier soll dein Kommentar sein; er wird vom Browser nicht gelesen.
-->
```

Bei jedem Projekt solltest du mit Kommentaren arbeiten. Auch, wenn du dich sehr gut mit HTML auskennen solltest, ist es ungemein hilfreich, wenn du bei der Behebung von Fehlern deine Gedanken beim Codieren nachvollziehen kannst. Ich benutze die Kommentarfunktion, um verschiedene Bereiche voneinander zu trennen. So kann ich genau nachvollziehen, welcher Code-Abschnitt für welche Funktion zuständig ist. Wenn ich bestehende Webseiten bearbeite, füge ich immer einen Kommentar hinzu, bei den Code-Snippets, die von mir bearbeitet worden sind. So kann ich schnell filtern und nachsehen, welche Änderungen von mir vollzogen sind.

Ebenso hilfreich ist die Kommentarfunktion, wenn ich temporär einen Code-Abschnitt löschen möchte. Wenn ich um diesen Abschnitt nämlich in einen Kommentar lege, wird dieser Code vom Browser nicht gelesen und nicht wiedergegeben. So kann ich sehr schnell testen, ohne dass ich den Code-Abschnitt extern speichern und im Dokument löschen muss.

Was ich gerne benutze sind ID-Attribute. ID bedeutet ja „Identität“ und du kannst einzelnen Elementen in deinem HTML-Dokument Identitäten vergeben. Wofür soll das gut sein? Wenn du den Elementen Identitäten gibst, kannst du mithilfe der Identitäten bestimmte Elemente nach deinen Wünschen stylen. Wenn du also in deinem HTML-Dokument 10 Überschriften hast, aber du möchtest unbedingt eine von den Überschriften rot markieren, kannst du dieser Überschrift eine Identität geben und beim Styling mit CSS definieren, dass das Element mit der gewissen Identität rot markiert werden muss.

Ich benutze Identitäten auch, um innerhalb einer Webseite zu verlinken. Bei einigen Projekten habe ich ein Formular am Ende einer sehr langen Seite, die ansonsten mit Informationen, Kundenberichten und Bildern gefüllt ist. Ganz am Anfang der Seite benutze ich einen Button, der zum Formular führt. Dem Formular gebe ich dann eine Identität und verweise im Button auf die ID. Wenn der User nun auf den Button klickt, wird der User auf den unteren Bereich der Seite verwiesen, beziehungsweise kann so das Formular ansehen, ohne durch den ganzen Inhalt zu scrollen.

Es gibt ein paar kleine Regeln zu den Identitäten:

- IDs fangen stets mit einem Buchstaben an, wie beispielsweise id="formular"
- IDs fangen nie mit einer Zahl an oder einem Sonderzeichen, das heißt, du darfst nicht id="1formular" verwenden
- Auf jeder Seite darf eine ID nur einmal vorkommen

Was ist aber, wenn du von deinen zehn Überschriften drei davon rot markieren möchtest? Da jede ID nur einmal benutzt werden kann, musst du hierfür eine Klasse benutzen. Klassen sind Cluster von IDs und du kannst so die drei Überschriften mit einer gemeinsamen Klasse versehen und diese drei Überschriften rot markieren. Klassen funktionieren genauso wie IDs. Du definierst diese mit class="Name der Klasse".

Ich designe keine Webseite ohne die Verwendung von Divs. Mit jedem Div kannst du deine Elemente gruppieren, ich nenne jede Gruppe gerne eine „Section". Beispielsweise gibt es eine Section für den Kopfbereich der Webseite oder für den Fußbereich der Webseite. Mit Divs kannst du deine Webseite gliedern und einzelne Abschnitte stylen. Ich wechsle gerne für jeden Abschnitt die Hintergrundfarbe, beziehungsweise wechsle zwei Hintergrundfarben ab, um mehr Dynamik in mein Design zu bringen. Das einzige, was du machen musst, ist alle Elemente, die du für einen Abschnitt benötigst, in einem div-Tag zu packen.

```
<!DOCTYPE html>
<html lang="en" dir="ltr">
 <head>
  <meta charset="utf-8">
  <title></title>
 </head>
 <body>
<div id=”formular”>
<form action="index.html" method="post">
<fieldset>
<legend> Lieblingssnacks </legend>
<p>
Was isst du gerne? </p>
<select name="snack">
 <option value="cookie"> Keks </option>
 <option value="cake"> Kuchen </option>
 <option value="chocolate"> Schokolade </option>
</select>
</fieldset>
```

```
</form>
</div>
 </body>
</html>
```

Nun kommen wir zu meinem Lieblingstag: meta. Meta-Tags sind wichtig für Suchmaschinen, denn diese geben den Suchmaschinen wichtige Informationen über die Webseite. Wichtig für die meta-Tags ist, dass sich diese im Header der Webseite befinden. Sie werden später nicht auf der Webseite erscheinen, aber sie sollten trotzdem stets verwendet werden. Meta-Tags bestehen aus den Attributen name und content. Das Meta-Tag ist selbstschließend, das bedeutet, dass du kein schließendes Tag benötigst. Wenn du beispielsweise einen Blog über Fitness und Ernährung hast, könntest du beispielsweise folgende Tags benutzen:

```
<!DOCTYPE html>
<html lang="en" dir="ltr">
 <head>
<meta charset="utf-8">
<meta name="description" content="10 leckere Rezepte für einen Grill-
abend" />
<meta name="keywords" content="Grillen, Rezepte, gesundes Grillen"
/>
<meta name="robots" content="nofollow" />
```

```
<meta name="author" content="John Smith" />
  <title></title>
 </head>
 <body>
 </body>
</html>
```

Wir haben jetzt drei meta-Tags benutzt für einen Blogpost über 10 leckere Rezepte für einen Grillabend. Das erste meta-Tag beschreibt, worum es auf der Seite geht, nämlich über 10 leckere Rezepte für einen Grillabend. Das zwei meta-Tag beschreibt die Schlüsselwörter, mit denen der Text gefunden werden soll. Du kannst diesen meta-Tag gerne benutzen, allerdings beeinflusst dieses meta-Tag die Suchmaschinenoptimierung nicht so stark, wie du es dir vielleicht wünschen würdest.

Das dritte meta-Tag beschreibt, ob diese Seite in der Suchmaschine angezeigt werden soll. Seiten, die nicht angezeigt werden sollen, sind beispielsweise Dankesseiten, wenn ein User sich für etwas registriert, oder geheimer Content, der nur für Mitglieder gemacht worden ist. In diesen Fällen benötigst du den Parameter „noindex“.

Wir haben hier den Parameter „nofollow“. Dies bedeutet, dass diese Seite in den Suchergebnissen erscheinen soll, allerdings nur diese eine Seite und nicht die Seiten, die auf der Seite verlinkt werden. Es kann nämlich sein, dass du in deinem Blogposts auf Content anderer Webseiten verlinkst. Das wollen wir nicht anzeigen lassen, also benutzen wir hier „nofollow“. Das vierte meta-Tag beschreibt den Autor. Das content-Attribut hat dann als Parameter den Namen des Autors.

CSS

Wir kommen nun endlich zum spannenden Teil! Während HTML sich vorrangig um die Strukturierung einer Webseite kümmert, geht es beim CSS um das Design. Jeder Webdesigner sollte sich mit CSS beschäftigen, denn die richtig individuellen Designs gehen über die klassischen Pagebuilder hinaus und werden nur mit Hilfe von CSS realisiert. Ohne CSS würden alle Webseiten ziemlich langweilig aussehen, aber zum Glück ist CSS sehr leicht zu erlernen. Wenn du willst, kannst du auch mit dem Inspector-Tool von Google Codes analysieren und die CSS-Eigenschaften ändern. So habe ich anfangs ein Gefühl für CSS entwickelt und herausgefunden, was für Parameter man für bestimmte Eigenschaften einsetzen kann.

Auch beim Arbeiten mit größeren Plattformen wie Shopify, füge ich stets meine eigene CSS-Datei hinzu, um schnell und übersichtlich visuelle Tweaks zu realisieren. Mit CSS kann ich verschiedene Schriftarten benutzen, verschiedene Farben benutzen, Elemente verschieben und Hintergründe festlegen.

Um CSS benutzen zu können, gibt es drei verschiedene Arten:

1. Die erste Möglichkeit ist es, im HTML-Dokument auf das CSS-Dokument zu verweisen. Hierfür musst du im Header der Webseite folgende Zeile einfügen:

```
<link rel="stylesheet" type="text/css" href="customcss.css">
```

Du verlinkst damit ein Dokument, das als „stylesheet" definiert wird vom Typ text/css. Die Datei hat dabei den Namen customcss.css. Bitte achte darauf, dass sich die CSS-Datei im gleichen Ordner befindet und den richtigen Namen trägt. Ich habe mir diese Zeile als Haftnotiz aufgeschrieben, denn ich benutze diese bei jedem Projekt. Du kannst dann in der CSS-Datei visuelle Änderungen vornehmen, die die ganze Webseite betreffen, wenn du jedes HTML-Dokument mit dem CSS-Dokument verlinkst! Und dabei musst du nur eine einzige Datei bearbeiten!

Ein weiterer Vorteil ist, dass du weniger Codes hast und somit auch kleinere Dateien und schnellere Ladezeiten hast. Ladezeiten sind extrem wichtig für den User, denn lange Ladezeiten bringen den User dazu, die Seite wieder zu verlassen.

2. Die zweite Möglichkeit ist es, nach dem Header der Website style-Tags einzufügen. Zwischen diesen style-Tags hast du die Möglichkeit, CSS-Codes einzufügen. Diese Änderungen betreffen dann nur das HTML-Dokument.

Beispiel:

```
<!DOCTYPE html>
<html lang="en" dir="ltr">
 <head>
<meta charset="utf-8">
<meta name="description" content="10 leckere Rezepte für einen Grill-
abend" />
<meta name="keywords" content="Grillen, Rezepte, gesundes Grillen"
/>
<meta name="robots" content="nofollow" />
<meta name="author" content="John Smith" />
  <title></title>
<style>
h1 {
color: green;
```

```
text-align: center;
}
</style>
 </head>


 <body>
<h1> Diese Überschrift ist grün </h1>
 </body>
</html>
```

Direkt im head-Tag haben wir den style-Tag eingefügt. In diesem Tag ist die Syntax anders, denn hier wird CSS geschrieben. Wenn du dir die Zeilen ansiehst, wird dir aber schnell bewusst, dass CSS wirklich sehr einfach ist. Ohne dich je mit CSS beschäftigt zu haben, wirst du verstehen, dass h1 eine grüne Farbe hat und, dass der Text zentriert ist. Wenn du eine beliebige Webseite mit dem Inspektor-Tool von Google betrachtest, kannst du ausprobieren, was passiert, wenn du die Parameter veränderst und beispielsweise statt der grünen Farbe „red" ausprobierst. Oder, was passiert, wenn du einen Hexcode verwendest. Für den Anfang kannst du da gerne ausprobieren. Wenn sich nichts ändert, ist der Parameter mit hoher Wahrscheinlichkeit nicht gültig.

3. Du kannst CSS auch direkt im HTML-Element definieren. Hier wird dann tatsächlich nur ein Element verändert. Ich mache es, wenn es schnell gehen soll – allerdings ist dies nicht empfehlenswert, wenn du einen übersichtlichen Code haben möchtest. Vor allem, wenn du komplexere Webseiten hast oder viele Attribute, die du einem Element zuordnen möchtest, wird es sehr schnell unübersichtlich. Die beste Methode ist daher, wenn du Struktur und Style deutlich unterscheiden

kannst. Hier ist ein Beispiel für das direkte Einfügen von CSS im HTML-Element:

<h1 style="color: blue; text-align: center;"> Diese Überschrift ist rot </h1>

Was passiert denn nun, wenn du alle drei Varianten verwendest? Welche Variante wird bevorzugt? Im Grunde genommen, wird das direkte Einfügen von CSS im HTML-Element bevorzugt, danach entweder die externe CSS-Datei oder das CSS im style-Tag. Das CSS, das sich als Letztes im Header befindet, wird vom Browser übernommen, denn er überschreibt damit das CSS, das als Erstes genannt wurde. Wenn du also eine CSS-Datei hast, in der du definierst, dass deine Überschrift rot ist, aber im Header danach im Style-Tag die Farbe der Überschrift in grün umgeändert wird, wird die Überschrift im Browser grün angezeigt. Du kannst den Zusatz !important benutzen, wenn du nicht möchtest, dass eine Eigenschaft überschrieben wird. Beispiel: h1 {color: red !important;}

CSS in Action:

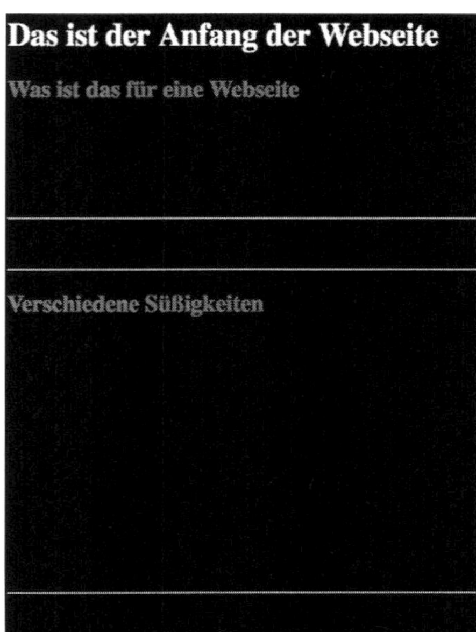

```
<!DOCTYPE html>
<html>
<head>
 <link rel="stylesheet" type="text/css" href="customcss.css">
</head>
<body>
<h1 id="top"> Das ist der Anfang der Webseite</h1>
<h2>Was ist das für eine Webseite</h2>
<p>
 Hier findest du coole Sachen über coole Sachen.
</p><br><br><br>
<hr>
<p>Vergiss nicht, dich für den Newsletter anzumelden</p>
<hr>
<h2>Verschiedene Süßigkeiten</h2>
<br>
<ul>
 <li>Keks</li>
 <li>Schokolade</li>
 <li>Gummibärchen</li>
 <li>Marshmallows</li>
 <li>Jelly Beans</li>
 <li>Mozartkugeln</li>
```

```
  <li>Pralinen</li>
  <li>Eis</li>
</ul><br><br><br>
<hr><br><br><br>
<h2>Ich will wieder nach oben</h2>
<p>Kein Problem! <a href="#top"> Klick hier </a></p></body>
</html>
```

Übung:
Versuche dieses HTML-Dokument mit Hilfe einer CSS-Datei, wie gezeigt, zu designen.

Lösung:

```
#top {color: white;}
h2 {color: grey;}
body {background-color: black;}
```

ANATOMIE VON CSS

Mit CSS veränderst du das Aussehen von HTML-Elementen. Das bedeutet, dass du im CSS-Dokument spezifizieren musst, welches bestimmte HTML-Element verändert werden soll. Du benötigst also stets einen Selector, also das HTML-Element, und eine Regel, also unter anderem welche Farbe oder Schriftart verwendet werden soll.

```
h1 {
color: red;
text-align: center;
}
```

In diesem Beispiel ist h1 der Selector. Alles in der geschweiften Klammer sind die Regeln. Jede Regel wird mit einem Strichpunkt beendet und besteht aus Eigenschaft und Wert. Du kannst für den Selector auch mehrere HTML-Elemente kombinieren, wie hier:

```
h1, h2, h3 {

color: red;

text-align: center;

}
```

Natürlich kannst du den Namen des HTML-Elementes einfach als Selector benutzen (also wie hier h1). Aber es gibt noch weitere Varianten.

Wenn du sämtliche Elemente verändern möchtest, das heißt, alle HTML-Elemente in einem Dokument, benutzt du diesen Selector: *. Beispiel:

```
* {

Background-color: red;

}
```

Außerdem kannst du ganze Klassen verändern. Erinnerst du dich noch, dass einzelne HTML-Elemente in Klassen gruppiert werden können. Wenn du also im HTML-Dokument eine Klasse namens „formular" definiert hast, kannst du die gesamte Klasse so verändern. Hierzu setzt du vor der Klasse einen Punkt – einfach, oder?

```
.formular {

Background-color: red;

}
```

Wenn du nur ein bestimmtes Element in der Klasse verändern möchtest, beispielsweise nur die Überschriften mit der Klasse „formular", musst du das HTML-Element vor dem Punkt erwähnen. Dies hat den Vorteil, dass du nicht sämtliche Überschriften im Dokument visuell veränderst, sondern nur die Überschriften mit der bestimmten Klasse.

```
h1.formular {
background-color: red;
}
```

Das Gleiche gilt natürlich auch für Identitäten, also IDs. Den Punkt von der Klasse tauschst du hier mit einem Hashtag (#) aus. Haben wir zuvor die ID „formular1“ definiert, können wir das Element folgendermaßen ändern:

```
#formular1 {
Background-color: red;
}
```

CSS: FARBEN

Farben können im CSS-Dokument auf verschiedene Weisen definiert werden. Jede Farbe auf einem Computerbildschirm besteht aus den Farben rot, grün und blau. Jedes Element, das du auf dem Bildschirm siehst, besteht aus Pixeln – kleinste Bestandteile, die du beim starken Vergrößern sehen kannst. Um eine Farbe auszusuchen, kannst du Tools verwenden, die dir dabei helfen, eine Auswahl zu treffen.

Praktischerweise kannst du bei Google direkt das „color picker tool“ verwenden und erhältst direkt in der Suchmaschine ein Tool, mit dem du verschiedene Farben generieren kannst. Du bekommst dann auch die Farben als Hexcodes oder als RGB-Wert. Diese Werte werden wir später noch sehr oft brauchen.

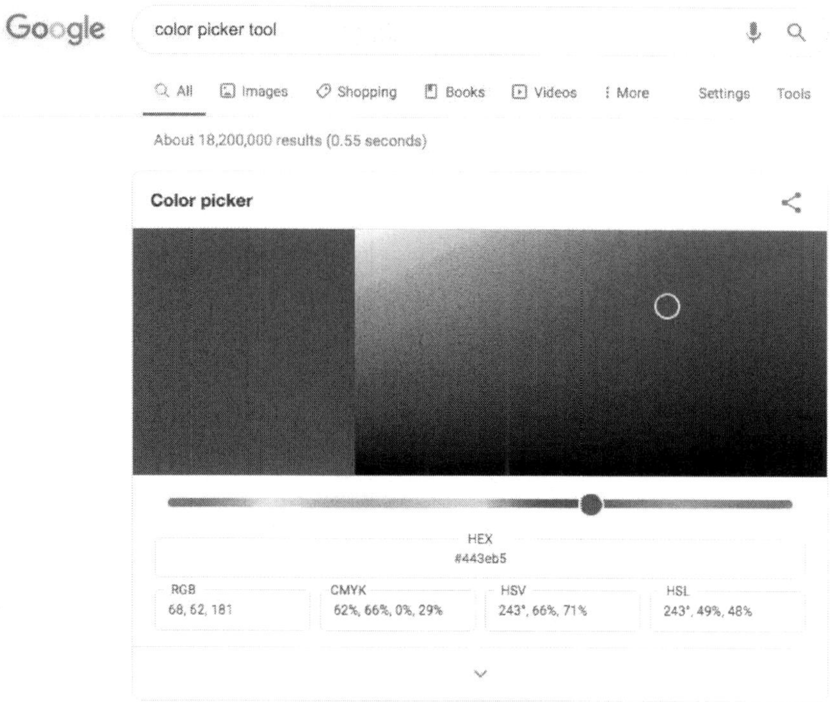

Die beste Variante ist es, einfach den Hexcode zu verwenden. Hexcodes sind sechsstellige Codes, die nach einem Hashtag folgen. Die Ziffern beziehungsweise Buchstaben deuten an, wie hoch der Anteil von den Farben rot, grün und blau ist. Jeder Code ist eindeutig und die Anwendung ist sehr einfach. #ffffff ist der Code für die Farbe weiß und #000000 ist der Code für die Farbe schwarz.

Du kannst bei Farben, die aus nur einer Ziffer oder einem Buchstaben bestehen, auch abkürzen, also statt #ffffff kannst du #fff verwenden oder statt #000000 kannst du #000 verwenden. Ich benutze gerne die Seite color-hex.com, um mir Inspirationen für Farben zu holen oder schnelle Codes zu generieren.

Eine weitere Möglichkeit ist es, einfach den Namen der Farbe zu benutzen. Dies ist eine gute Möglichkeit, wenn es sich um einfache Farben wie schwarz, weiß oder rot handelt. Es wird dann deutlich schwieriger, wenn du ein helleres Rot haben möchtest oder generell speziellere

Farben benutzt. Es gibt 147 definierte Namen im CSS, die du dir hier ansehen kannst:

```
http://www.colors.commutercreative.com/grid/.
```

Ich benutze diese Namen lediglich, wenn ich einfache Farben wie weiß, schwarz oder grau benutze oder, wenn es nebensächlich ist, welche Farben benutzt w.erden, weil ich lediglich das Backbone der Webseite erstelle und noch im Entwicklungsmodus bin.

Neben den beiden Varianten kannst du auch RGB-Werte verwenden. RGB-Werte sind mathematisch berechnete Werte, die aussagen, wie viel Rot, Grün und Blau verwendet wurden, um die Farbe zu kreieren. RGB besteht also aus drei verschiedenen Zahlen. Ich benutze RGB ungern, aber es gibt viele Webseiten, die diese Werte noch benutzen.

Eine gute Eigenschaft ist, dass du den RGB-Wert direkt mit der Transparenz verbinden kannst. Wenn du also ein Element transparenter machen möchtest, kannst du hinter den drei Zahlen eine vierte Zahl benutzen, die die Transparenz verdeutlichen soll. Diese Zahl hat einen Wert zwischen 0 und 1, wobei 0 komplett transparent ist. Beispiel: rg(0,0,0,0.5) ist eine schwarze Farbe mit 50% Transparenz.

Hier ist ein Beispiel wie du auf verschiedene Weisen die Farbe schwarz auswählen kannst:

```
h1 {
color: black;
}
h1 {
color: #000000;
}
h1 {
color: rgb(0,0,0);
}
```

Du kannst für jedes Element auch eine Hintergrundfarbe definieren. Wenn du dich jetzt fragst, wie eine Überschrift eine Hintergrundfarbe haben sollte, solltest du dich daran erinnern, dass alle HTML-Elemente aus „Kasten" bestehen. Die Überschrift befindet sich demnach auch in einem Kasten, der genauso lang ist wie die Webseite. Es wird also nicht lediglich der Text der Überschrift mit einer Hintergrundfarbe versehen, wie es beispielsweise beim Markieren üblich ist, sondern der gesamte Kasten, in dem sich die Überschrift befindet.

Hier habe ich beispielsweise alle h2-Überschriften mit einer roten Hintergrundfarbe hinterlegt.

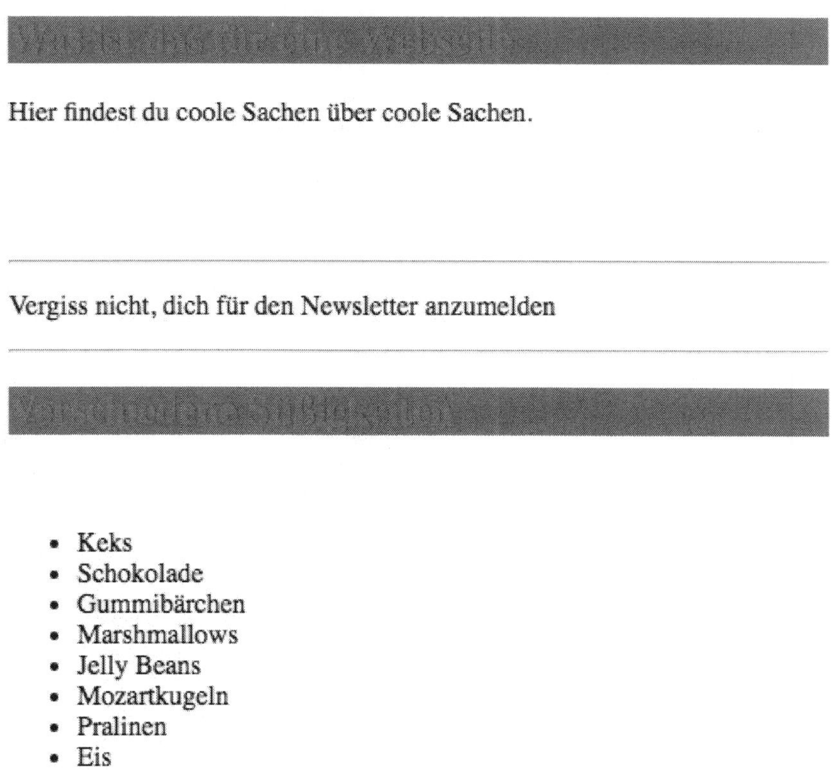

Wenn du keine Hintergrundfarbe definierst, ist der Hintergrund im Regelfall transparent. Manche Browser haben eine eigene Hintergrundfarbe. Wenn du also sicherstellen willst, dass die Hintergrundfarbe weiß ist, ist es besser, wenn du diese in deinem CSS-Dokument definierst.

Ein ebenso wichtiger Aspekt für das Design deiner Webseite ist der Kontrast. Ich habe schon viele Webseiten gesehen, auf denen lediglich schöne Farben ausgesucht wurden, aber der Aspekt des Kontrastes grundsätzlich ignoriert wurde. Ein schlechter Kontrast ist aber nicht gut, denn für den User ist es anstrengender, wichtige Sachverhalte zu verstehen. Im schlimmsten Fall wird er auch einfach die Seite verlassen.

Es geht hier außerdem darum, dass deine Webseite auch von älteren Personen gut verstanden wird. Auch Einflüsse der Umwelt spielen hier eine Rolle, denn Personen, die im Freien unter der Sonne deine Webseite betrachten, werden durch den Einfluss des Sonnenlichts auf den Bildschirm noch größere Schwierigkeiten haben, Elemente deiner Webseite wahrzunehmen. Mein Lieblingstool für das Designen von Webseiten (oder Brand Boards generell) ist daher contrast-ratio.com. Du musst hierfür lediglich deine gewünschten Farben eingeben und siehst auf den ersten Blick, wie gut der Text lesbar ist. Das Ganze funktioniert sehr schnell und ohne sich registrieren zu müssen.

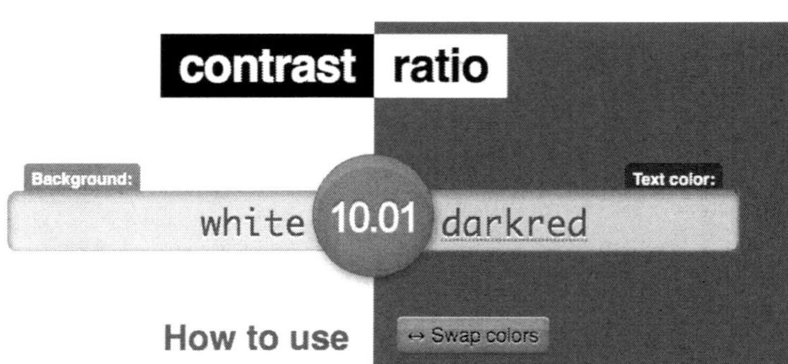

Ich empfehle dir, möglichst viel Kontrast zu benutzen. Wenn du dir erfolgreiche Webseiten ansiehst, wird dir auch schnell klar, dass diese

Farben mit hohem Kontrast verwenden, denn so ist die Webseite besser lesbar und es fällt dem Leser auch mehr ins Auge.

Außerdem solltest du beachten, dass du nicht zu viele Farben auf einer Webseite benutzt. In der Regel benutzt du eine Farbe für die Marke des Unternehmens, eine weiße Farbe, eine schwarze Farbe und eine Signalfarbe für Buttons und wichtige Elemente. Vier Farben sind also eigentlich genug. Farbpaletten sind dabei auf keinen Fall verschiedene Nuancen einer Farbe, wie ich das sehr oft sehe. Du möchtest kontrastierende und strategische Farben verwenden.

DIE SCHRIFT

Mit verschiedenen Schriftarten kannst du deine Webseite dynamischer gestalten und mit verschiedenen Schriftgrößen kannst du die Hierarchie auf deiner Webseite besser visualisieren. Das Aussuchen von Schriftarten gehört zu meinen Lieblingsbeschäftigungen und ich habe zahlreiche Schriftarten, die ich immer wieder gerne benutze.

Die Auswahl von Schriftarten hilft dir, die richtigen Gefühle für deine Webseite zu wecken. Webseiten sind in der Regel da, um etwas zu verkaufen, beziehungsweise verfolgen sie ein gewisses Ziel, wie beispielsweise das Erweitern der E-Mail-Liste.

Einer der wichtigsten Grundsätze ist, dass Menschen auf Emotionen reagieren und das bedeutet auch, dass das Visuelle einer Webseite enorm wichtig ist, denn das ist in der Lage, Emotionen zu erwecken. Verschiedene Schriftarten verfolgen verschiedene Zwecke. Beispielsweise sehen verschnörkeltere Schriftarten auf einer Webseite für Hochzeitsfotografie gut aus und lassen den User über eine romantische Hochzeit träumen, eignen sich aber nicht so gut für eine Webseite für einen Anwalt. Hier ist ein seriöses Auftreten gefragt, damit der User dem Anwalt vertrauen kann.

Eine Seite mit vielen Fonts ist Google Fonts. Ich benutze Google Fonts gerne, denn die meisten Browser sind mit den Schriftarten von Google Fonts vertraut. Wenn du dir eine unbekanntere Schriftart herunterlädst und diese für deine Webseite benutzt, kann es sein, dass diese Schriftart nicht wiedergegeben wird, sondern ersetzt wird. Um auf Nummer Sicher zu gehen, beginne ich daher stets mit Google Fonts. Es gibt verschiedene Kategorien bei Schriftarten Diese sind die Wichtigsten:

- Serif
- Sans Serif
- Monospace

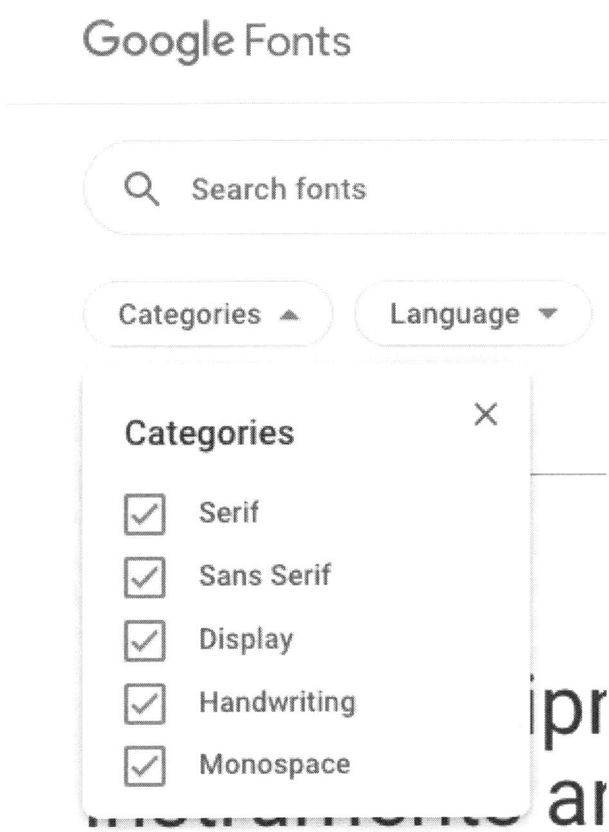

Monospace ist einfach erklärt – dies sind Schriftarten, bei denen jeder Buchstabe die gleiche fest definierte Weite hat. Beim Programmieren werden meistens solche Schriftarten verwendet, da diese leicht zu lesen sind.

Serif Schriftarten sind Schriftarten, die kleine zusätzliche Striche am Ende von Buchstabenbalken haben. Diese werden Serifen genannt. Bekannte Serifen-Schriftarten sind

```
- Times New Roman
- Georgia
- Baskerville Old Face
```

Sans-Serif Schriftarten sind dann natürlich Schriftarten, die keine Serifen haben. Ich empfehle dir für deine Webseite auf jeden Fall eine Sans-Serif-Schriftart zu benutzen, da diese sehr leicht zu lesen sind.

Insbesondere, wenn du längere Textpassagen auf deiner Webseite hast, wie beispielsweise in Blogbeiträgen, solltest du darauf achten, dass der Text leicht zu lesen ist, da es anstrengender ist, auf einem Computerbildschirm zu lesen. Das Design von diesen Schriftarten ist einfacher, schlichter und moderner. Wenn du gerne eine Serif-Schriftart auf deiner Webseite haben möchtest, kann ich dir empfehlen, diese für Überschriften zu verwenden und stets eine Sans-Serif Schriftart für deine Textpassagen und Paragraphen zu benutzen.

Eine weitere Eigenschaft von Schriftarten ist „Weight“. Viele Schriftarten haben verschiedene Möglichkeiten, wie dick die Buchstaben dargestellt werden. Für elegante Webseiten benutze ich gerne kleinere Weight-Werte. Höhere Weight-Werte können aber beispielsweise den Kontrast verbessern.

Und natürlich gibt es die Eigenschaften wie kursiv (italic) oder condensed (schmalere Buchstaben mit wenig Lücken dazwischen). Wenn du auf Google Fonts nach Schriftarten suchst, kannst du die Schriftarten auch ganz einfach zu deiner Webseite hinzufügen. Klicke dann einfach auf das Plus-Zeichen bei den Schriftarten. Wenn du alle deine Schriftarten hinzugefügt hast, kannst du den Code einfach in deinem HTML-Dokument hinzufügen und anschließend im CSS-Dokument die Schriftarten den HTML-Elementen zuordnen.

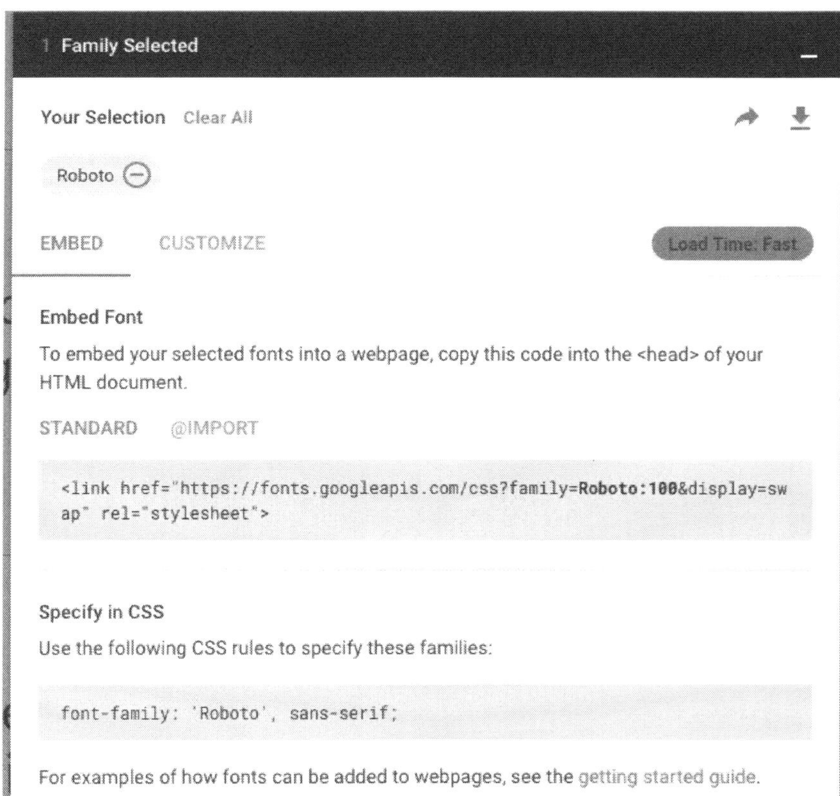

Um eine Schriftart zu benutzen, kannst du die Eigenschaft „font-family" benutzen. Parameter sind dann die Schriftarten. Da mit font-family die Schriftarten auf dem Computer des Users vorinstalliert sein müssen, wird empfohlen, mehrere ähnliche Schriftarten aufzuführen, damit der Browser eine Auswahl hat, wenn eine Schriftart nicht verfügbar ist.

Du kannst dann einfach die Schriftarten hintereinander aufführen, wobei die erst genannte Schriftart Vorrang hat. Im Beispiel wird für die Überschrift h1 die Schriftart Georgia benutzt. Wenn der Browser die Schriftart Georgia nicht wiedergeben kann, wird auf die Schriftart Times ausgewichen.

Es ist ebenfalls Konvention, noch die Kategorie der Schriftart (sans-serif, serif oder monospace) zu deklarieren – es ist aber nicht notwendig.

```
h1 {

font-family: Georgia, Times, serif;

}
```

Ich empfehle dir, entweder mit dem Link von Google-Fonts zu arbeiten, wenn du dem User die Möglichkeit geben willst, die Schriftarten herunterzuladen, oder du benutzt „@font-face". Wenn der User die Schriftart herunterlädt, kann die Webseite so dargestellt werden, wie du sie designt hast. Allerdings leidet hier eventuell die Ladezeit, das heißt, es dauert länger, um eine Webseite zu öffnen.

```
@font-face {
Font-family: 'Arial';
Src: url('fonts/Arial.ttf');
}
h1 {
font-family: Arial, sans-serif;
}
```

Mit @font-face definierst du den Namen der Schriftart und zeigst dem Browser, in welcher Datei die Schriftart zu finden ist (in diesem Fall ist eine Schriftart-Datei im Ordner Fonts zu finden). Anschließend kannst du wie gewohnt die Schriftart den HTML-Elementen zuordnen. Bitte achte stets darauf, dass die Schriftarten, die du dir herunterlädst, für die kommerzielle Nutzung verwendet werden können.

Es gibt übrigens verschiedene Formate für Schriftart-Dateien. Diese haben die Endungen .eot, .woff, .ttf, .otf und .svg. Die meisten Browser unterstützen die Schriftart-Dateien .ttf und .otf.; Internet Explorer unterstützt lediglich .eot (diese Datei wird aber von den anderen Browsern nicht unterstützt!). Du kannst für src verschiedene URLs aufführen, um die verschiedenen Dateien aufzuführen. Hierfür musst du nach der URL-Eigenschaft noch eine weitere Eigenschaft aufführen, um das Format zu spezifizieren.

```
@font-face {

Font-family: 'Arial';

Src: url('fonts/Arial.eot') format('embedded-opentype');

url('fonts/Arial.ttf') format('truetype');

}
```

Wenn du nur eine Datei hast, kannst du den Generator von fontsquirrel.com verwenden, um die anderen Dateien zu erstellen. Fontsquirrel generiert auch einen @font-face-Code für dich, den du dann ganz einfach auf deiner Webseite einbinden kannst.

Nachdem wir nun die Schriftarten definiert haben, können wir anfangen, den Text spezifisch zu stylen. Es gibt verschiedene Eigenschaften, die du benutzen kannst.

- Font-weight: Mit font-weight kannst du den Text fett gedruckt erscheinen lassen. Besonders bei Überschriften eignet sich diese Eigenschaft gut.

- Font-style: Mit font-style kannst du den Text kursiv erscheinen lassen.

- Text-transform: Mit text-transform kannst du den Text verändern, indem alle Buchstaben Großbuchstaben oder Kleinbuchstaben werden. Du kannst text-transform auch verwenden, um jedes einzelne Wort im Text mit einem Großbuchstaben beginnen zu lassen. Text-transform eignet sich gut für Buttons.

- Text-decoration: Mit text-decoration kannst du deinen Text unterstreichen oder gar durchstreichen. Du kannst ihn sogar blinken lassen, wobei ich dir das nicht empfehle, weil es nervig ist.

- Line-height: Um den Text besser lesen zu können, kannst du einen Zeilenabstand einstellen. Dies eignet sich gut, wenn du längere Texte hast. Achte darauf, dass dein Zeilenabstand nicht zu groß und nicht zu klein ist, damit der Text gut lesbar ist.

- Letter-spacing: Mit letter spacing kannst du den Abstand zwischen den einzelnen Zeichen vergrößern oder verkleinern. Als Einheit entweder em oder px nehmen.

- Word-spacing: Mit word-spacing kannst du den Abstand zwischen den Wörtern vergrößern. Als Einheit entweder em oder px nehmen.

- Text-align: Mit text-align kannst du den Text ausrichten. Am besten eignet sich stets die linke Ausrichtung, aber ich benutze auch oft die Zentrierung vom Text. Werte sind daher left, right, center oder justify.

CSS: FONT-WEIGHT:

Das ist ein Beispiel

Dieser Text ist fett gedruckt

```
<!DOCTYPE html>

<html>

<head>

 <link rel="stylesheet" type="text/css" href="customcss.css">

</head>

<body>

<p> Das ist ein Beispiel </p>

<p id="fett"> Dieser Text ist fett gedruckt </p>

</body>

</html>


CSS


#fett {

 font-weight: bold;

}
```

CSS: FONT-STYLE

Das ist ein Beispiel

Dieser Text ist kursiv

```
<!DOCTYPE html>

<html>

<head>

 <link rel="stylesheet" type="text/css" href="customcss.css">

</head>

<body>

<p> Das ist ein Beispiel </p>

<p id="kursiv"> Dieser Text ist kursiv </p>

</body>

</html>


CSS


#fett {

 font-style: italic;

}
```

CSS: TEXT-TRANSFORM

COOLE ÜBERSCHRIFT

noch eine überschrift

Endlich Inhalt

```
<!DOCTYPE html>
<html>
<head>
 <link rel="stylesheet" type="text/css" href="customcss.css">
</head>
<body>
<h1> Coole Überschrift </h1>
<h2> Noch eine Überschrift </h2>
<p> Endlich Inhalt </p>
</body>
</html>
CSS
h1 {
 text-transform: uppercase;
}
h2 {
 text-transform: lowercase;
}

p {
 text-transform: capitalize;
}
```

CSS: TEXT-DECORATION

COOLE ÜBERSCHRIFT

noch eine überschrift

~~Endlich Inhalt~~

```
<!DOCTYPE html>
<html>
<head>
 <link rel="stylesheet" type="text/css" href="customcss.css">
</head>
<body>
<h1> Coole Überschrift </h1>
<h2> Noch eine Überschrift </h2>
<p> Endlich Inhalt </p>
</body>
</html>
CSS#h1 {
 text-transform: uppercase;
 text-decoration: underline;
}
h2 {
 text-transform: lowercase;
 text-decoration:overline;
}
p {
 text-transform: capitalize;
 text-decoration:line-through;
}
```

Line-height (du kannst sowohl em als auch px als Größe benutzen; em ist allerdings besser, da dies eine Einheit relativ zur Schriftgröße ist und die Schriftgröße vom User verändert werden kann):

```
<!DOCTYPE html>

<html>

<head>

 <link rel="stylesheet" type="text/css" href="customcss.css">

</head>

<body>

<h1> Überschrift </h1>

<h2> Noch eine Überschrift </h2>

<p> Und hier ist der Text </p>

<p> Noch mehr Text </p>

</body>

</html>


h1 {
```

```
  line-height: 1.5em;
}


p {
  line-height: 15px;
}
```

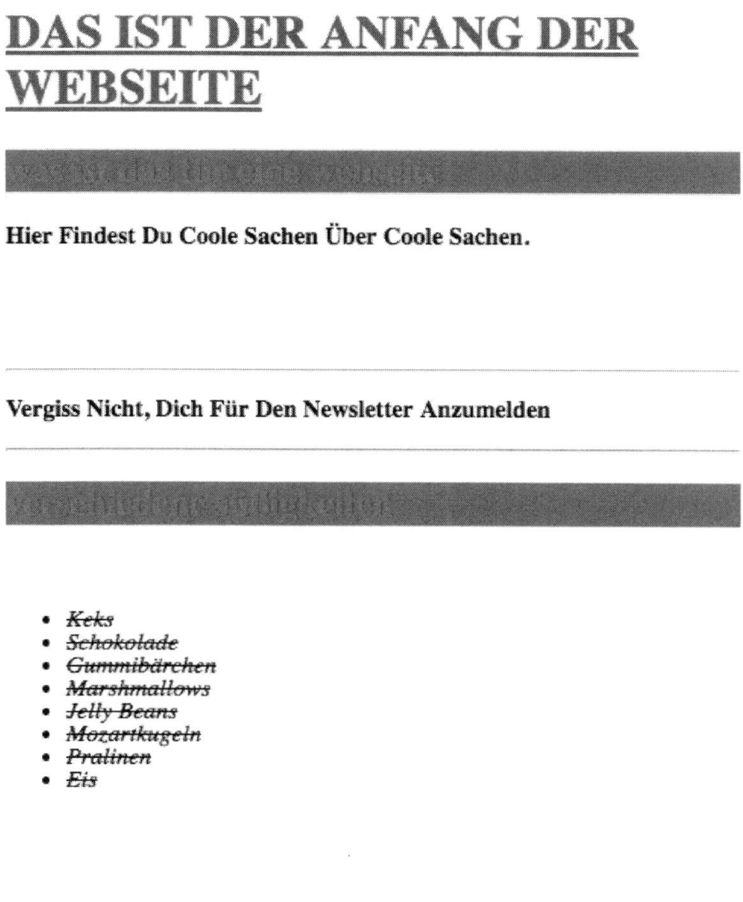

```
<!DOCTYPE html>
<html>
<head>
 <link rel="stylesheet" type="text/css" href="customcss.css">
</head>
<body>
<h1 id="top"> Das ist der Anfang der Webseite</h1>
<h2>Was ist das für eine Webseite</h2>
<p>
 Hier findest du coole Sachen über coole Sachen.
</p><br><br><br>
<hr>
<p>Vergiss nicht, dich für den Newsletter anzumel-
den</p>
<hr>
<h2>Verschiedene Süßigkeiten</h2>
<br>
<ul>
 <li>Keks</li>
 <li>Schokolade</li>
 <li>Gummibärchen</li>
 <li>Marshmallows</li>
 <li>Jelly Beans</li>
```

```
  <li>Mozartkugeln</li>
  <li>Pralinen</li>
  <li>Eis</li>
</ul><br><br><br>
<hr><br><br><br>
<h2>Ich will wieder nach oben</h2>
<p>Kein Problem! <a href="#top"> Klick hier
</a></p></body>
</html>
```

Übung: Versuche, den Text mit CSS so zu stylen, dass er aussieht wie in dem Bild. Finde selbst heraus, welche Werte für die Eigenschaften eingesetzt werden können. Probieren geht über Studieren!

Lösung:

```
#top {color: green;}
h2 {color: grey; background-color: red; text-transform: lowercase;}
p {
 font-weight: bold;
 text-transform:capitalize;
}
li
{
 font-style:italic;
 text-decoration: line-through;
 line-height: 15px;
}
h1{
 text-transform: uppercase;
 text-decoration:underline;
}
```

PSEUDO-ELEMENTE UND PSEUDO-KLASSEN

Pseudo-Elemente und Pseudo-Klassen sind vordefinierte Elemente und Klassen, um dir das Leben leichter zu machen. Du kannst die Pseudo-Elemente und Pseudo-Klassen direkt nach dem Selector benutzen und ihn so visuell aufpeppen.

Pseudo-Elemente sind beispielsweise :first-letter und :first-line. Diese definieren den ersten Buchstaben und die erste Zeile eines HTML-Dokuments. Mit first-letter kannst du beispielsweise den ersten Buchstaben eines HTML-Elements verändern und so beispielsweise die Schriftgröße vergrößern. Damit erhältst du ganz einfach eine Initiale in deinem Text.

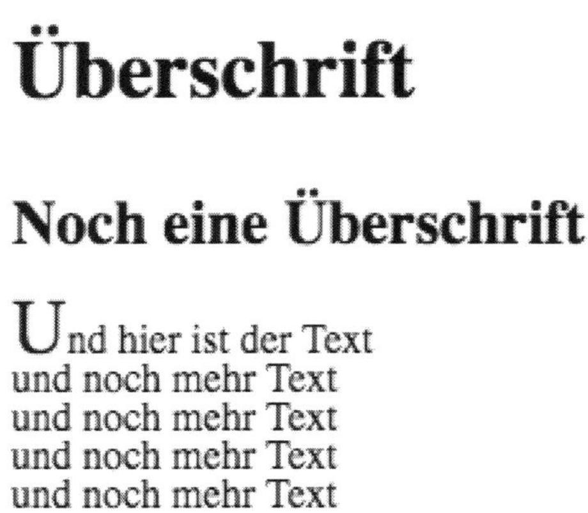


```
<!DOCTYPE html>

<html>

<head>

  <link rel="stylesheet" type="text/css" href="customcss.css">

</head>
```

```
<body>
<h1> Überschrift </h1>
<h2> Noch eine Überschrift </h2>
<p> Und hier ist der Text <br>
 und noch mehr Text<br>
 und noch mehr Text<br>
 und noch mehr Text<br>
und noch mehr Text </p>

</body>
</html>
CSS

h1 {
 line-height: 1.5em;
}

p {
 line-height: 15px;
}
p:first-letter {
 font-size: 30px;
}
```

Wenn du Links auf deiner Webseite hast, hast du bestimmt schon festgestellt, dass Links automatisch blau unterstrichen dargestellt werden. Wenn du schon einmal auf den Link geklickt hast, ändert sich die Farbe in ein dunkleres Blau. Und du merkst visuell sofort, wenn du die Maustaste über den Link hältst. Wenn du diese Eigenschaften ändern möchtest, kannst du die Pseudoklassen :link, :visited, :hover and :active verwenden.

- :link: Du kannst mit der Pseudo-Klasse das Aussehen von Links verändern, die noch nicht besucht wurden.

- :visited: Du kannst mit dieser Klasse das Aussehen von besuchten Webseiten ändern. Statt einem dunklen Blau kannst du eine andere Farbe auswählen!

- :hover: Du kannst mit dieser Klasse das Aussehen von Elementen verändern, die sich unter deinem Mauszeiger befinden. Das bedeutet, dass du, wenn du über einen Link der Klasse :hover fährst, dieser Link sich im hover-Status befindet. Der Link wird sich dann nach Definition verhalten, wie beispielsweise eine Farbänderung oder eine Vergrößerung der Schrift.

- :active: Du kannst mit dieser Klasse das Aussehen von Elementen verändern, die sich im active-Status befinden. Das ist der Fall, wenn du beispielsweise gerade auf das Element klickst (beispielsweise Links oder Buttons).

STYLING VON KÄSTEN

Wir haben mit den div-Elementen die Kästen kennengelernt. Im Regelfall geht ein Div über die komplette Seitenbreite, aber du kannst Div-Elemente mit Hilfe von CSS verkleinern und eine bestimmte Größe geben. Um die Größe zu definieren, kannst du px benutzen. Viele benutzen aber gerne Prozentangaben, da sich so die Größe auch ändert, wenn die Seite schmaler wird (beispielsweise bei Benutzung von Smartphones).

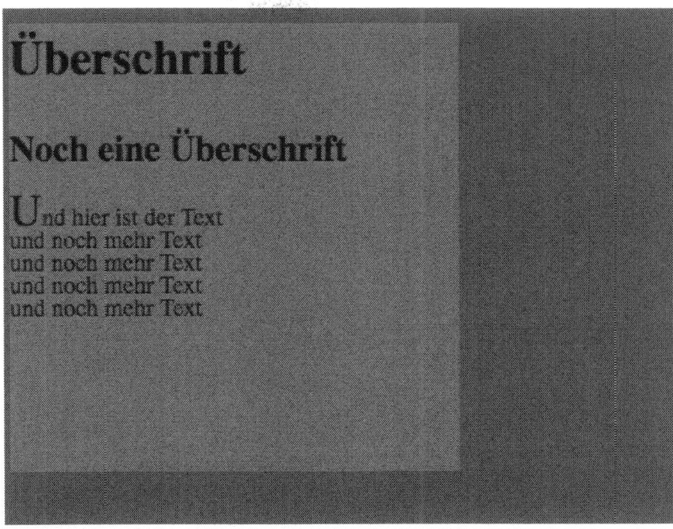


```
<!DOCTYPE html>
<html>
<head>
 <link rel="stylesheet" type="text/css" href="customcss.css">
</head>
<body>
<div>
<h1> Überschrift </h1>
<h2> Noch eine Überschrift </h2>
<p> Und hier ist der Text <br>
 und noch mehr Text<br>
 und noch mehr Text<br>
 und noch mehr Text<br>
```

```
und noch mehr Text </p>
</div>
</body>
</html>
CSS


h1 {
 line-height: 1.5em;
}


p {
 line-height: 15px;
}
p:first-letter {
 font-size: 30px;
}
div {
 height: 300px;
 width:300px;
 background-color:red;
}
Body {
Background-color: blue;
```

```
}
```

Du kannst übrigens auch Minima und Maxima setzen mit min-width und max-width. Dies ist hilfreich, wenn du Inhalte abhängig von der Größe des Bildschirms darstellen möchtest, aber es dir wichtig ist, dass die Kästen mit den Inhalten nicht zu klein werden, um den Inhalt noch erkennen zu können.

Du kannst auch maximale Höhen definieren mit max-height (analog minimale mit min-height). Hier musst du aufpassen, dass du auch die richtigen Größen definierst und, dass die Kästen groß genug für die Inhalte sind. Im unteren Beispiel ist max-height unterdimensioniert.

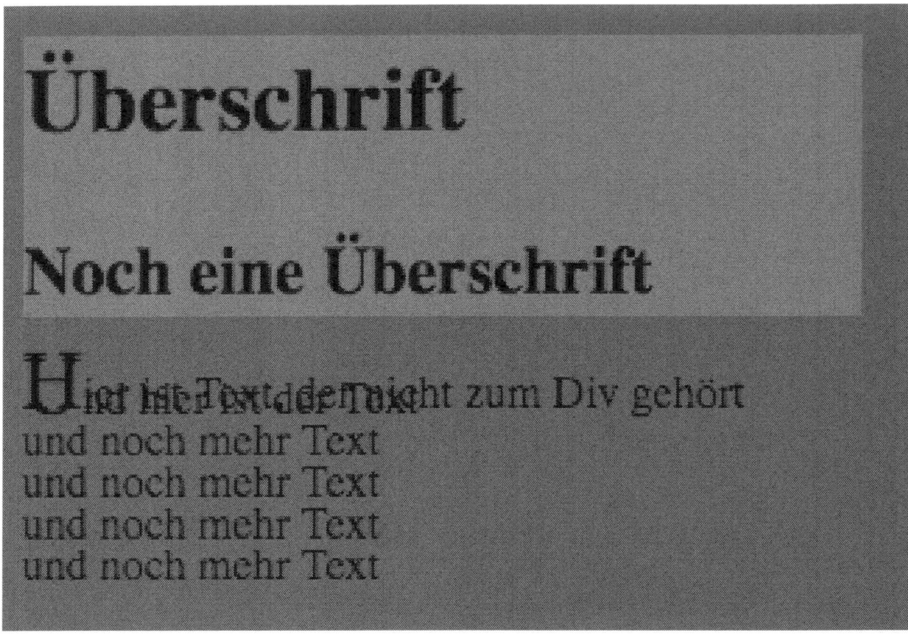


```
<!DOCTYPE html>

<html>

<head>

 <link rel="stylesheet" type="text/css" href="customcss.css">

</head>

<body>

<div>

<h1> Überschrift </h1>

<h2> Noch eine Überschrift </h2>

<p> Und hier ist der Text <br>

 und noch mehr Text<br>

 und noch mehr Text<br>
```

```
 und noch mehr Text<br>
und noch mehr Text </p>
</div>
<p>
Hier ist Text, der nicht zum Div gehört
</p>
</body>
</html>
CSS


h1 {
 line-height: 1.5em;
}


p {
 line-height: 15px;
}
p:first-letter {
 font-size: 30px;
}
div {
 max-height: 100px;
 width:300px;
```

```
 background-color:red;
}
Body {
Background-color: blue;
}
```

Um dies zu vermeiden, kannst du mit „overflow: scroll“ aus dem Div-Element einen Kasten machen, in dem man scrollen kann.

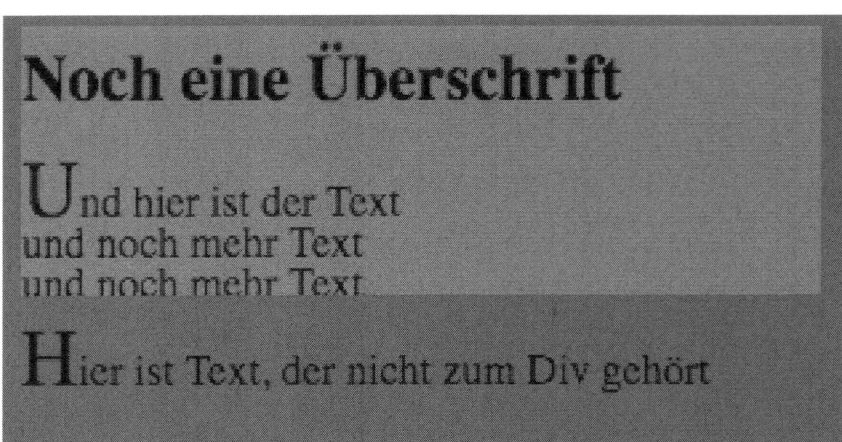

```
<!DOCTYPE html>
<html>
<head>
 <link rel="stylesheet" type="text/css" href="customcss.css">
</head>
<body>
<div>
<h1> Überschrift </h1>
<h2> Noch eine Überschrift </h2>
<p> Und hier ist der Text <br>
 und noch mehr Text<br>
 und noch mehr Text<br>
 und noch mehr Text<br>
und noch mehr Text </p>
</div>
<p>
Hier ist Text, der nicht zum Div gehört
</p>
</body>
</html>
CSS

h1 {
 line-height: 1.5em;
}


p {
 line-height: 15px;
}
p:first-letter {
 font-size: 30px;
```

```
}
div {
  max-height: 100px;
  width:300px;
  background-color:red;
overflow: scroll;
}
Body {
Background-color: blue;
}
```

Jeder Kasten hat immer die Eigenschaften „border“, „margin“ und „padding“. HTML-Dokumente haben vordefinierte Werte für border, margin und padding – Diese Eigenschaften kannst du mit CSS verändern.

Im Inspektor-Tool von Google findest du stets diese Grafik für jedes HTML-Element:

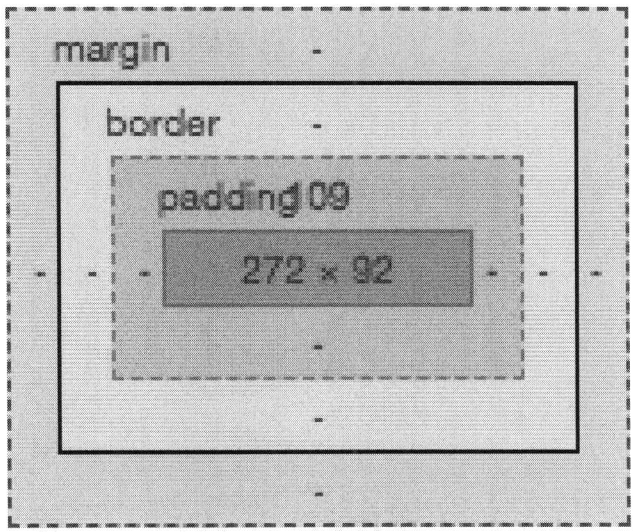

(Screenshot aus Google Inspector-Tool)

Das Element ist blau markiert. Der Rand ist gelb und zwischen dem Element und dem Rand gibt es „padding“. Dieses padding ist der Abstand vom Element zum Rand. Außerdem gibt es eine margin. Je größer der Margin ist, umso größer ist der Abstand vom Element zu anderen Elementen. Im Inspektor-Tool kannst du auf die Kästen klicken und einen Wert eingeben und direkt sehen, wie sich das Styling ändert.

Du kannst den Rand mit folgenden Eigenschaften ändern:

- Border-width
- Border-style
- Border-color

Border-width definiert die Dicke des Randes. Interessant dabei ist, dass du für alle vier Seiten des Randes verschiedene Werte eingeben kannst. Der erste Wert, den du angibst, ist dann der Wert für den oberen Rand.

Dieses Element hat einen 2px dicken Rand

Dieses Element hat verschiedene Ränder

```
<!DOCTYPE html>

<html>

<head>

 <link rel="stylesheet" type="text/css" href="customcss.css">

</head>

<body>

 <div>

<p id="one"> Dieses Element hat einen 2px dicken Rand </p>

<p id="two"> Dieses Element hat verschiedene Ränder </p>



</body>

</html>


CSS

#one {

 border-width:2px;

 border-style:solid;

}
```

```
#two {
  border-width: 1px 2px 3px 1px;
  border-style: solid;
}
```

Neben border-style:solid gibt es noch weitere Möglichkeiten für Ränder, nämlich dotted, dashed, double, groove, ridge, inset und outset. Am Beliebtesten sind aber solid, dotted und dashed.

Dieses Element hat einen 2px dicken Rand

Dieses Element hat verschiedene Ränder

Dieses Element hat Rand

```
<!DOCTYPE html>
<html>
<head>
  <link rel="stylesheet" type="text/css" href="customcss.css">
</head>
<body>
  <div>
<p id="one"> Dieses Element hat einen 2px dicken Rand </p>
<p id="two"> Dieses Element hat verschiedene Ränder </p>
<p id="three"> Dieses Element hat Rand </p>
```

```
</body>
</html>

CSS

#one {
  border-width:2px;
  border-style:solid;
}

#two {
  border-width: 1px 2px 3px 1px;
  border-style: dotted;
}

#three {
  border-style: dashed;
}
```

Mit Padding kannst du Text besser lesbar machen. White Space werden weiße, leere Flächen genannt. Diese Flächen sind wichtig, wenn es darum geht, eine harmonische Struktur in einem Dokument aufzubauen. Padding funktioniert genauso wie die border-Eigenschaft. Die Abstände werden mit px definiert. Im unteren Beispiel findest du drei Elemente, die verschiedene Paddings haben. Beim ersten Element ist ein gleichmäßiger Abstand zu sehen, im zweiten Element ist links ein Abstand zu erkennen und beim rechten Beispiel wurden vier verschiedene Abstände genutzt.

Das Gleiche funktioniert übrigens auch mit der Eigenschaft margin, wobei du mit margin:auto eine Zentrierung des Elementes erreichen kannst.

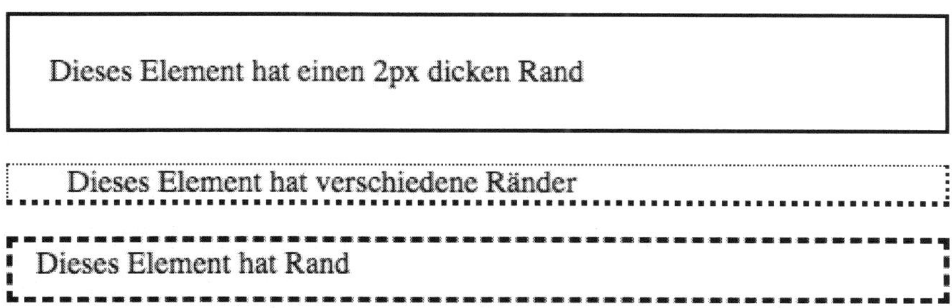


```
<!DOCTYPE html>

<html>

<head>

 <link rel="stylesheet" type="text/css" href="customcss.css">

</head>

<body>

 <div>

<p id="one"> Dieses Element hat einen 2px dicken Rand </p>

<p id="two"> Dieses Element hat verschiedene Ränder </p>

<p id="three"> Dieses Element hat Rand </p>
```

```
</body>
</html>

CSS

#one {
 border-width:2px;
 border-style:solid;
 padding:20px;
}

#two {
 border-width: 1px 2px 3px 1px;
 border-style: dotted;
 padding-left:30px;
}

#three {
 border-style: dashed;
 padding: 2px 6px 8px 12px
}
```

NAVIGATION

Eine Navigation kann man ganz einfach mit einer Liste aus Links kreieren. Aber die Listen, die wir bis jetzt kennengelernt haben, sind alle vertikal. Wenn du eine horizontale Liste machen möchtest, musst du verstehen, dass es sich bei Listenelementen um Blockelemente handelt. Das bedeutet, dass das nächste Element automatisch in der Zeile nach unten rutscht. Wie kann man also eine horizontale Navigation erstellen?

Wir erreichen dies, indem wir die Listenelemente als inline-Elemente darstellen, beziehungsweise umwandeln. Dies wird mit display:inline realisiert. Damit zwischen den Listenelementen ein kleiner Abstand dargestellt wird, benutzen wir noch margin:10px. Ich habe die Listenelemente in dem Beispiel noch gelb hinterlegt, damit es deutlicher wird.

```
<!DOCTYPE html>
<html>
<head>
 <link rel="stylesheet" type="text/css" href="customcss.css">
</head>
<body>


<ul>
 <li> Startseite </li>
 <li> Über uns </li>
 <li> Kontakt </li>
</ul>


</body>
</html>


CSS
li {
 display: inline;
 margin-right: 10px;
 background-color:yellow;
}
```

Du kannst noch einen zusätzlichen Schatten zum Kasten geben mit box-shadow. Im Beispiel unten werden noch -moz-box-shadow und -webkit-box-shadow benutzt, welche dazu dienen, dass alle Browser diese Eigenschaft darstellen können. Die Werte geben das Offset, also die Verschiebung jeweils in der horizontalen und vertikalen Richtung an.

```
<!DOCTYPE html>

<html>

<head>

 <link rel="stylesheet" type="text/css" href="customcss.css">

</head>

<body>

<ul>

 <li> Startseite </li>

 <li> Über uns </li>

 <li> Kontakt </li>

</ul>

</body>

</html>


CSS
```

```
li {
  display: inline;
  margin-right: 10px;
  background-color:yellow;
  -moz-box-shadow: -10px -10px red;
  -webkit-box-shadow: -10px -10px red;
  box-shadow: -10px -10px red;
}
```

Außerdem kannst du die Randecken abrunden mit border-radius.

```
<!DOCTYPE html>
<html>
<head>
  <link rel="stylesheet" type="text/css" href="customcss.css">
</head>
<body>


<ul>
  <li> Startseite </li>
  <li> Über uns </li>
```

```
 <li> Kontakt </li>
</ul>


</body>
</html>


CSS
li {
  display: inline;
  margin-right: 10px;
  background-color:yellow;
  -moz-box-shadow: -10px -10px red;
  -webkit-box-shadow: -10px -10px red;
  box-shadow: -10px -10px red;
border-radius:10px;
}
```

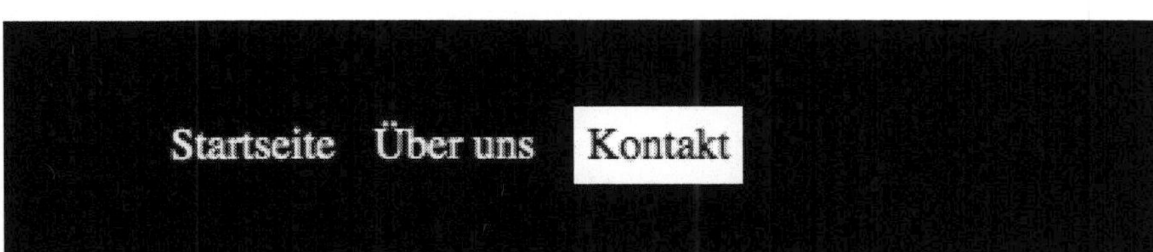

Kannst du diese Navigation erstellen? Es ist eine Navigation mit Listenelementen, wobei „Kontakt" als Button dargestellt wird. Tipp: Arbeite mit Klassen oder IDs!

Lösung:

```
<!DOCTYPE html>
<html>
<head>
  <link rel="stylesheet" type="text/css" href="customcss.css">
</head>
<body>
<div class="navigation">
  <ul>
    <li> Startseite </li>
    <li> Über uns </li>
    <li id="button"> Kontakt </li>
  </ul>
</div>


</body>
</html>
```

CSS

```
li {
  display: inline;
  margin-right: 10px;
  color: white;
}
.navigation {
  background-color: black;
  padding: 20px;
}

#button {
  background-color: white;
  color: black;
  padding:5px;
}
```

VERSCHIEDENE SYMBOLE FÜR LISTEN

Du kannst für Listen verschiedene Symbole benutzen. Hierzu wird list-style-type benutzt. Als Wert kannst du folgende Werte benutzen:

- None: keine Symbole
- Disc: schwarzer Punkt
- Circle: Punkt ohne Füllung
- Square: Quadrat
- Decial: Nummern
- Decimal-leading-zero: Nummern mit einer Null davor (01 02 03)
- Lower-alpha: Kleine Buchstaben
- Upper-alpha: Große Buchstaben
- Lower-roman: Kleine römische Zahlen
- Upper-roman: Große römische Zahlen

Im Trend sind mittlerweile Listen mit kleinen Symbolen anstelle von Punkten. Dabei handelt es sich um kleine Bilder, beziehungsweise Icons, die als Ersatz für den Punkt verwendet werden. Wichtig ist dabei, dass die Datei klein ist, um die Ladezeit nicht zu beeinflussen. Außerdem solltest du bei Möglichkeit transparente Bilder verwenden, damit du die Listenpunkte auch auf farbigem Hintergrund verwenden kannst.

Die Eigenschaft hierfür ist list-style-image mit dem Attribut URL und dem Link zum Bild als Parameter. Nehmen wir an, dass ich ein Icon mit dem Namen „herz" im Ordner „icons" habe. Um dieses zu verwenden, benutze ich folgende Zeile:

```
Ul {
List-style-image: url(„icons/herz.png");
}
```

Bootstrap

Bootstrap ist das beliebteste Framework für HTML, CSS und JavaScript. Frameworks sind dafür da, um dich zu unterstützen, denn sie bilden bereits den nötigen Rahmen. Eine der größten Herausforderungen für Webdesign ist die mobile Darstellung von Webseiten. Viele Webseiten sind gar nicht optimiert für mobile Endgeräte, obwohl mit diesen die meisten Webseiten aufgerufen werden. Eine hohe Anzahl von Webseitenaufrufen stammt von mobilen Geräten und dies zu ignorieren, wäre fatal für das Business. Wichtig für ein Design, das sowohl auf einem Desktop-Bildschirm als auch von einem Smartphone-Bildschirm aufgerufen werden kann, ist das Grid (Raster).

Bootstrap hat das flexible Raster bereits vordefiniert, sodass du die vordefinierten Klassen bequem nutzen kannst. Außerdem ist Bootstrap kostenlos und steht frei zur Verfügung. Um Bootstrap herunterzuladen, musst du auf die Seite getbootstrap.com gehen und dort das Framework herunterladen. Nach dem Download bekommst du einen Ordner mit dem Namen bootstrap-Versionsnummer. Den solltest du öffnen, denn in dem Ordner befindet sich ein Ordner namens dist.

Wenn du diesen Ordner anklickst, kannst du den Ordner css auswählen und anschließend die Datei bootstrap.css benutzen. Du kannst dir die CSS-Datei gerne ansehen, denn bootstrap hat bereits sehr viele HTML-Elemente vordefiniert und ein moderneres Design gegeben als bei einer typischen HTML Darstellung ohne CSS. Wenn du einem HTML-Element eine Klasse aus der bootstrap-Bibliothek gibst, kannst du so ganz einfach das Styling von bootstrap anwenden, ohne überhaupt CSS benutzen zu müssen.

Um Bootstrap verwenden zu können, musst du in deinem HTML-Dokument im Header ein Stylesheet einfügen. Dieses Stylesheet muss vor deinen anderen CSS-Dateien genannt werden! Den Code findest du auf der bootstrap-Webseite

(https://getbootstrap.com/docs/4.3/getting-started/introduction/)

Wenn der User deine Webseite aufruft und nicht bereits die bootstrap-Datei heruntergeladen hat, wird der Browser automatisch das Framework herunterladen. Es ist aber wahrscheinlich, dass der User die Datei bereits heruntergeladen hat, weil viele Webseiten dieses Framework benutzen.

Die Navigation von vorher ändert sich vom Styling etwas:

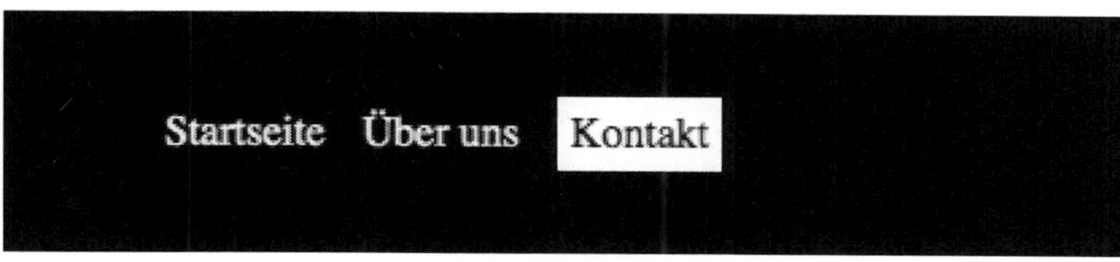

Siehst du den Unterschied? Das ist, weil bootstrap bereits einiges vordefiniert hat.

Eine weitere Methode, um Bootstrap zu benutzen, ist es, das Starter Template von Bootstrap zu benutzen, welches du ebenfalls auf der Webseite findest. Dieses hat auch JavaScript und jQuery, die wichtig sind, wenn du auf der Webseite Elemente hast, die JavaScript benötigen. Kopiere einfach den Code in dein HTML-Dokument!

```
<!doctype html>

<html lang="en">

 <head>
```

```
  <!-- Required meta tags -->
  <meta charset="utf-8">
  <meta name="viewport" content="width=device-width, initial-scale=1, shrink-to-fit=no">

  <!-- Bootstrap CSS -->
  <link rel="stylesheet" href="https://stackpath.bootstrapcdn.com/bootstrap/4.3.1/css/bootstrap.min.css" integrity="sha384-ggOyR0iXCbMQv3Xipma34MD+dH/1fQ784/j6cY/iJTQUOhcWr7x9JvoRxT2MZw1T" crossorigin="anonymous">

  <title>Hello, world!</title>
 </head>
 <body>
  <h1>Hello, world!</h1>

  <!-- Optional JavaScript -->
  <!-- jQuery first, then Popper.js, then Bootstrap JS -->
  <script src="https://code.jquery.com/jquery-3.3.1.slim.min.js" integrity="sha384-q8i/X+965DzO0rT7abK41JStQIAqVgRVzpbzo5smXKp4YfRvH+8abtTE1Pi6jizo" crossorigin="anonymous"></script>
  <script src="https://cdnjs.cloudflare.com/ajax/libs/popper.js/1.14.7/umd/popper.min.js" integrity="sha384-
```

```
UO2eT0CpHqdSJQ6hJty5KVphtPhzWj9WO1clHT-
MGa3JDZwrnQq4sF86dIHNDz0W1"                crossorigin="anony-
mous"></script>

  <script                src="https://stackpath.bootstrapcdn.com/boot-
strap/4.3.1/js/bootstrap.min.js"                integrity="sha384-
JjSmVgyd0p3pXB1rRibZUAYo-
IIy6OrQ6VrjIEaFf/nJGzIxFDsf4x0xIM+B07jRM"     crossorigin="anony-
mous"></script>

 </body>

</html>
```

Wir wollen jetzt eine Navigation mit Bootstrap erstellen. Hier starten wir ganz gewohnt mit einer ungeordneten Liste. In der Bootstrap-Navigation können wir dann nach „navbar" suchen. Bootstrap hat die Navigation schon vordefiniert und wir können direkt so vorgehen. Die ungeordnete Liste fügen wir zwischen nav-Tags ein und geben diesem Tag eine Klasse, nämlich navbar.

```
  <nav class="navbar">

   <ul>

    <li> Startseite </li>

    <li> Über uns </li>

    <li> Kontakt </li>

   </ul>

</nav>
```

Wenn du dein aktualisiertes HTML-Dokument jetzt öffnest, siehst du, dass Bootstrap nicht wirklich viel gemacht hat. Da wir eine horizontale

Navigation haben möchten, fügen wir die Klasse „navbar-expand-lg“ ein. Du kannst so viele Klassen, wie du willst, einfügen! <nav class="navbar navbar-expand-lg"> </nav>

Wie erhalten wir jetzt folgenden Output?

Wir fügen für die helle Hintergrundfarbe die Klasse bg-light zum nav-Tag. Es gibt weitere Hintergrundfarben, die mit Bootstrap vordefiniert sind. Die Farben findest du hier:

https://getbootstrap.com/docs/4.3/utilities/colors/

Außerdem wird zu dem Listenpunkt die Klasse „nav-item“ hinzugefügt. In den Listenpunkten fügen wir Links hinzu, die wir mit „nav-link“ klassifizieren. Um das Logo zu bekommen, fügen wir vor der ungeordneten Liste einen Link mit der Klasse navbar-brand hinzu. Und um den Abstand zwischen dem Logo und den Navigationspunkten zu erhalten, brauchen wir eine Margin zur linken Seite. Die Klasse, die wir der ungeordneten Liste geben, ist ml-auto. Der fertige Code sieht dann so aus:

```
<!doctype html>
<html lang="en">
 <head>
  <!-- Required meta tags -->
  <meta charset="utf-8">
  <meta name="viewport" content="width=device-width, initial-scale=1, shrink-to-fit=no">


  <!-- Bootstrap CSS -->
```

```
  <link rel="stylesheet" href="https://stackpath.boot-
strapcdn.com/bootstrap/4.3.1/css/bootstrap.min.css" integ-
rity="sha384-
ggOyR0iXCbMQv3Xipma34MD+dH/1fQ784/j6cY/iJTQUOhcWr7x9JvoR
xT2MZw1T" crossorigin="anonymous">
 <link rel="stylesheet" type="text/css" href="customcss.css">
  <title>Hello, world!</title>
 </head>
 <body>

  <nav class="navbar navbar-expand-lg bg-light">
   <a class="navbar-brand" href="#"> Logo </a>
   <ul class="navbar-nav ml-auto">
    <li class="nav-item">
     <a class="nav-link" href="#"> Startseite </a> </li>
    <li class="nav-item">
    <a class="nav-link" href="#"> Über uns </a> </li>

    <li class="nav-item">
    <a class="nav-link" href="#"> Kontakt </a> </li>

   </ul>
  </nav>
```

```
<!-- Optional JavaScript -->

<!-- jQuery first, then Popper.js, then Bootstrap JS -->

<script src="https://code.jquery.com/jquery-3.3.1.slim.min.js" integ-
rity="sha384-q8i/X+965DzO0rT7abK41JStQIA-
qVgRVzpbzo5smXKp4YfRvH+8abtTE1Pi6jizo" crossorigin="anony-
mous"></script>

<script src="https://cdnjs.cloudflare.com/ajax/libs/pop-
per.js/1.14.7/umd/popper.min.js" integrity="sha384-
UO2eT0CpHqdSJQ6hJty5KVphtPhzWj9WO1clHT-
MGa3JDZwrnQq4sF86dIHNDz0W1" crossorigin="anony-
mous"></script>

<script src="https://stackpath.bootstrapcdn.com/boot-
strap/4.3.1/js/bootstrap.min.js" integrity="sha384-
JjSmVgyd0p3pXB1rRibZUAYo-
IIy6OrQ6VrjIEaFf/nJGzIxFDsf4x0xIM+B07jRM" crossorigin="anony-
mous"></script>

 </body>

</html>
```

BOOTSTRAP RASTER

Im Framework von Bootstrap kannst du verschiedene Reihen deklarieren. Jede Reihe besteht aus Spalten, den columns. Diese Klassen sind vordefiniert!

```
<div class="row">

<div class="col"> Spalte </div>

</div>
```

Mit diesen Zeilen erhältst du eine einspaltige Zeile. Du kannst bis zu 12 Spalten in einer Zeile haben, dafür fügst du einfach die gewünschte Anzahl an Spalten in deinen Code ein. Das Tolle an Bootstrap ist, dass du auf einem Desktopbildschirm zwei Spalten nebeneinander anzeigen kannst, welche auf einem mobilen Bildschirm untereinander abgebildet werden. Dies erreichst du, indem du für die zwei Spalten die Klasse „col-md-6" hinzufügst. Die Zahl 6 bedeutet, dass die Spalte 6 Einheiten benutzt. Eine Reihe hat 12 Einheiten, somit nehmen 6 Einheiten die Hälfte des Bildschirmes ein. Wenn du zwei Spalten mit col-md-6 hast, sind beide gleich groß und nehmen 50% des Platzes ein. Du kannst die zwei Spalten natürlich auch anders aufteilen, wie beispielsweise col-md-8 und col-md-4. Letztendlich dürfen die 12 Einheiten pro Zeile nicht überschritten werden.

Mit col-md-6 legst du außerdem fest, dass auf allen Geräten, die mindestens einen mittelgroßen Bildschirm haben, 6 Einheiten angezeigt werden. Beide Spalten stehen also nebeneinander. Auf kleinen Bildschirmen aber, also beispielsweise bei Smartphones, werden die beiden Spalten untereinander angezeigt und jede Spalte nimmt 100% des Platzes ein.

Aber wie können wir es hinbekommen, dass wir auf einem Desktop-Bildschirm vier Spalten angezeigt bekommen, auf einem Tablet-Bildschirm drei Spalten und auf einem Smartphone-Bildschirm zwei Spalten?

1. Um vier Spalten auf einem Desktop-Bildschirm darzustellen, benötigen wir pro Spalte drei Einheiten. Vier Spalten mit jeweils drei Einheiten ergeben in einer Zeile 12 Einheiten. Wir deklarieren also die Klasse col-lg-3. Lg steht für large, das heißt, hier wird das Aussehen für große Bildschirme definiert.

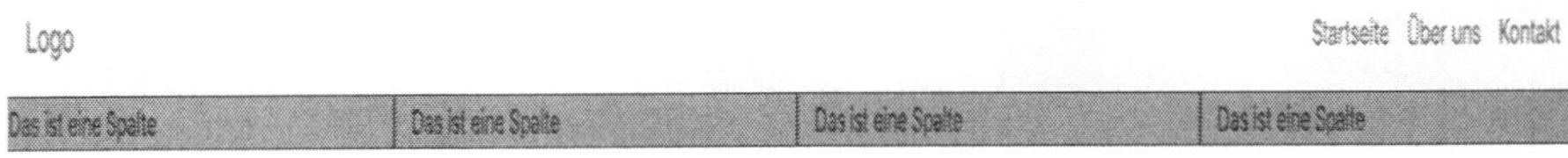

2. Um drei Spalten auf einem Tablet-Bildschirm darzustellen, benötigen wir pro Spalte vier Einheiten. Drei Spalten mit jeweils vier Einheiten ergeben in einer Zeile 12 Einheiten. Wir deklarieren also die Klasse col-md-4, wobei md wie gewohnt für medium steht. Es wird hier also das Aussehen für mittelgroße Bildschirme definiert.

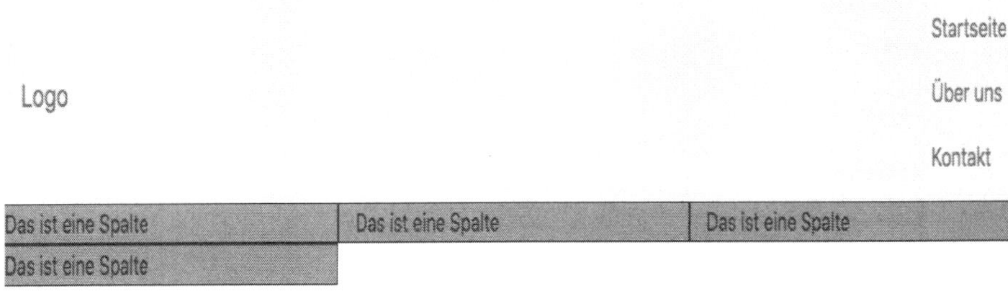

3. Um zwei Spalten auf einem Smartphone-Bildschirm darzustellen, benötigen wir pro Spalte 6 Einheiten. Zwei Spalten mit jeweils 6 Einheiten ergeben in einer Zeile 12 Einheiten. Wir deklarieren also die Klasse col-sm-6, wobei small für klein steht. Hier wird das Aussehen für kleine Bildschirme definiert.

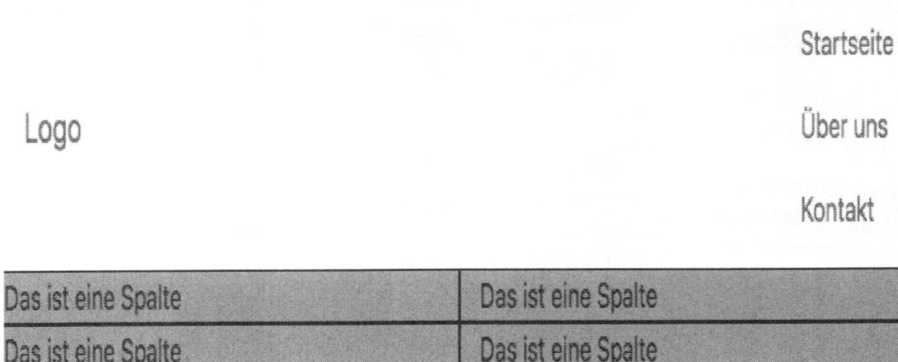

4. Alle drei Klassen werden für jede Spalte definiert. Der fertige Code sieht dann folgendermaßen aus:

```
<!doctype html>
<html lang="en">
 <head>
  <!-- Required meta tags -->
  <meta charset="utf-8">
  <meta name="viewport" content="width=device-width, initial-
scale=1, shrink-to-fit=no">


  <!-- Bootstrap CSS -->
  <link rel="stylesheet" href="https://stackpath.boot-
strapcdn.com/bootstrap/4.3.1/css/bootstrap.min.css" integ-
rity="sha384-
ggOyR0iXCbMQv3Xipma34MD+dH/1fQ784/j6cY/iJTQUOhcWr7x9JvoR
xT2MZw1T" crossorigin="anonymous">
 <link rel="stylesheet" type="text/css" href="customcss.css">
  <title>Hello, world!</title>
 </head>
 <body>


  <nav class="navbar navbar-expand-lg bg-light">
   <a class="navbar-brand" href="#"> Logo </a>
   <ul class="navbar-nav ml-auto">
    <li class="nav-item">
```

```
<a class="nav-link" href="#"> Startseite </a> </li>
<li class="nav-item">
<a class="nav-link" href="#"> Über uns </a> </li>
<li class="nav-item">
<a class="nav-link" href="#"> Kontakt </a> </li>


</ul>
</nav>


<div class="row">
<div class="col-lg-3 col-md-4 col-sm-6" style="background-
color:#df8e8e; border:1px solid;" >
Das ist eine Spalte
</div>
<div class="col-lg-3 col-md-4 col-sm-6" style="background-
color:#df8e8e; border:1px solid;" >
Das ist eine Spalte
</div>
<div class="col-lg-3 col-md-4 col-sm-6" style="background-
color:#df8e8e; border:1px solid;" >
Das ist eine Spalte
</div>
<div class="col-lg-3 col-md-4 col-sm-6" style="background-
color:#df8e8e; border:1px solid;" >
```

```
    Das ist eine Spalte
   </div>
  </div>
  <!-- Optional JavaScript -->
  <!-- jQuery first, then Popper.js, then Bootstrap JS -->
  <script src="https://code.jquery.com/jquery-3.3.1.slim.min.js" integ-
rity="sha384-q8i/X+965DzO0rT7abK41JStQIA-
qVgRVzpbzo5smXKp4YfRvH+8abtTE1Pi6jizo" crossorigin="anony-
mous"></script>
  <script src="https://cdnjs.cloudflare.com/ajax/libs/pop-
per.js/1.14.7/umd/popper.min.js" integrity="sha384-
UO2eT0CpHqdSJQ6hJty5KVphtPhzWj9WO1clHT-
MGa3JDZwrnQq4sF86dIHNDz0W1" crossorigin="anony-
mous"></script>
  <script src="https://stackpath.bootstrapcdn.com/boot-
strap/4.3.1/js/bootstrap.min.js" integrity="sha384-
JjSmVgyd0p3pXB1rRibZUAYo-
IIy6OrQ6VrjIEaFf/nJGzIxFDsf4x0xIM+B07jRM" crossorigin="anony-
mous"></script>
 </body>
</html>
```

VOR- UND NACHTEILE DER BENUTZUNG VON BOOTSTRAP

Bootstrap gehört zu meinen Lieblingsframeworks. Es gibt natürlich eine Menge weiterer Frameworks, aber ich arbeite gerne mit Bootstrap. Es gibt aber natürlich immer Vor- und Nachteile.

1. Vorteil: Du kannst mit Bootstrap viel schneller Webseiten erstellen, da Bootstrap dir den perfekten Rahmen schafft und vielen HTML-Elementen ein moderneres Aussehen gibt. Mit Bootstrap musst du beispielsweise nicht jedes Mal aufs Neue das Raster neu erfinden, sondern kannst einfach die vordefinierten Klassen verwenden.

2. Vorteil: Schnellere Ladezeit als mit anderen Frameworks. Bootstrap ist leichtgewichtiger als andere Frameworks und das hängt vor allem damit zusammen, dass Bootstrap im Front-End-Development anzusiedeln ist und überwiegend mit CSS arbeitet.

3. Vorteil: umfassende Dokumentation! Bootstrap zu verwenden, ist sehr einfach, denn Bootstrap hat eine umfassende Dokumentation mit vielen Beispielen zur Veranschaulichung. Außerdem hat Bootstrap auch kostenlose Vorlagen, die du dir herunterladen kannst, um diese nach Belieben zu bearbeiten.

4. Vorteil: Kostenlos! Bootstrap ist open source und kann benutzt werden, ohne teure Lizenzen zu kaufen. Außerdem ist es open source, das bedeutet, dass du dir den Quellcode einsehen kannst.

1. Nachteil: Kein Support für Internet Explorer! Die neueste Version bietet keinen Support mehr für den Internet Explorer. Dieser wird aber immer weniger genutzt, da die meisten andere Browser bevorzugen. Außerdem unterstützen viele Pagebuilder den Browser-Internet-Explorer ebenso wenig.

2. Nachteil: Standardisierung. Es läuft Gefahr, dass viele Webseiten ähnlich aussehen, wenn jeder das standardisierte Design von Bootstrap verwendet.

Grundsätzlich spricht also wenig dagegen, Bootstrap zu benutzen!

Troubleshooting

HTML und CSS sind sehr einfach anzuwenden, aber dennoch habe auch ich schon stundenlang an Webseiten gesessen und bin verzweifelt. Das ist ganz normal, aber im Laufe der Zeit habe ich einige Tipps und Tricks, die eigentlich fast immer helfen. Im Folgenden findest du einige hilfreiche Lösungen, wenn dich Webseiten an den Rand des Wahnsinns bringen.

Problem	Action Steps
Meine Änderungen werden nicht angezeigt?	1. Überprüfe, ob deine CSS-Datei richtig verlinkt wurde. Wenn nicht, dann richtig verlinken 2. Überprüfe, ob Änderungen im Google Inspektor-Tool angenommen werden. Wenn da nichts funktioniert, versuche die CSS-Eigenschaft mit !important durchzusetzen. 3. Lösche den Webseiten-Cache. Bei wordpress kannst du beispielsweise den Cache mit einem Plugin löschen.
Meine Bilder werden abgeschnitten, wenn ich die Webseite auf einem mobilen Gerät betrachte!	Das ist normal. Es ist wichtig, dass du Bilder aussuchst, die auch abgeschnitten gut aussehen! Ich benutze gerne Bilder mit dem wichtigen Element in der Mitte, sodass es nicht schlimm ist, wenn zu viel abgeschnitten ist.

Ich möchte nur für ein bestimmtes Element eine Änderung einführen!	Benutze IDs und das Problem ist gelöst!
Eine Schriftart wird bei mir nicht angezeigt? Stattdessen wird eine komische Schriftart dargestellt, die gar nicht passt!	Benutze stets „Ersatzschriftarten" und vermeide es generell, zu exotische Schriftarten zu benutzen.
Meine Webseite lädt viel zu langsam!	1. Bilder optimieren 2. Bilder richtig schneiden 3. Weniger Plugins verwenden 4. Google Analytics im Code einbauen, anstatt ein Plugin zu verwenden 5. CSS-Code minimieren
Der Browser zeigt den Code der Webseite, aber nicht die eigentliche Darstellung	Überprüfe, ob die Datei mit .html endet. Meistens entsteht das Problem, wenn die Datei als .txt-Datei gespeichert wurde!
Die Links funktionieren nicht!	Wenn du mit relativen Links gearbeitet hast, überprüfe, ob diese noch funktionieren!
Meine HTML-Elemente haben komische Abstände, die ich nicht eingestellt habe!	HTML-Elemente haben einen Standardstyle, den du ändern musst. Verändere dann einfach in der CSS-Datei die Eigenschaften.
Ich möchte Elemente in den Hintergrund stellen.	Benutze die Eigenschaft z-index! Der Parameter ist eine Zahl, wobei ein HTML-Element mit z-index 5 über einem HTML-Element mit z-index 0 liegt.

So macht man Webdesign

Eine Webseite besteht nicht nur aus Text, Bildern und Links. Webseiten sind viel mehr als ein einfaches Schaufenster eines Unternehmens. Vielmehr sollen Webseiten als effektives Marketingtool benutzt werden. Jeder User, der eine Webseite besucht, hat ein Ziel. Dieses Ziel soll deine erstellte Webseite erfüllen, aber wie funktioniert das am besten? Es ist wichtig, dass du dich vor dem Designen einer Webseite erst einmal mit den Zielgruppen auseinandersetzt.

Wenn du für ein größeres Unternehmen eine Webseite designen sollst, gibt es in den meisten Fällen auch mehr als eine Zielgruppe. Vielleicht unterscheidet das Unternehmen zwischen Privatkunden, Businesskunden und potentiellen Mitarbeitern? Für jede Zielgruppe muss die Strategie ersichtlich sein, beziehungsweise ist es wichtig, dass du deine Zielgruppe so geschickt und einfach wie möglich durch die Webseite führst, um ihre Ziele zu erfüllen.

Wenn du mit einem Kunden redest und fragst, für wen die Webseite sein soll, wird er wahrscheinlich sagen… „Naja, für das Unternehmen natürlich." Das ist der erste Punkt, an dem viele scheitern. Viele Designer fangen dann an, die Webseite nach dem persönlichen Geschmack des Kunden zu gestalten, ohne sich auf die Zielgruppe zu konzentrieren.

Stattdessen solltest du zusammen mit dem Kunden die Zielgruppe recherchieren. Der Schlüssel liegt darin, richtig tief zu graben. Mein Lieblingswort dabei ist „Warum". Es gibt die Technik, die beschreibt, fünfmal „Warum?" zu fragen, um tieferliegende Gründe herauszufinden. Behalte dabei immer im Hinterkopf, dass du ein Problem lösen muss und die Webseite nicht zum Spaß gebaut wird.

Fragen, die ihr dabei stellen könnt, um die Zielgruppe zu definieren, sind:

- Was ist das durchschnittliche Alter der Zielgruppe?

- Ist die Zielgruppe überwiegend männlich oder weiblich?

- Wo wohnt die Zielgruppe? Welches Land, welche Region? Sind es Stadtmenschen oder leben sie eher auf dem Land?

- Was ist das durchschnittliche Jahreseinkommen? Die wenigsten werden euch diese Informationen offenbaren, aber ein Schätzwert reicht hier vollkommen. Es geht dabei darum, ein Gefühl für die Zielgruppe zu bekommen.

- Was ist das höchste Bildungsniveau?

- Wie viele Stunden arbeitet die Gruppe in der Woche, wie viel Freizeit haben sie?

- Sind sie verheiratet oder haben sie Kinder?

- Was benutzen sie, um Webseiten aufzurufen? Überwiegend Smartphones?

- Auf welchen Social-Media-Kanälen halten sie sich am liebsten auf?

- Welche Anrede bevorzugt die Zielgruppe? Sie oder Du?

Auf Basis der Antworten kannst du ein genaueres Nutzerprofil entwickeln, das du dann auf die Webseite reflektieren kannst. Anschließend musst du die Ziele der Nutzer definieren.

1. Warum besuchen die User die Webseite? Was ist die Motivation, was ist der Antrieb? Sind sie auf der Suche nach etwas Bestimmten?

2. Was sind die Ziele? Kennen sie bereits das Unternehmen? Suchen sie nach bestimmten Daten? Brauchen sie deine Kontaktdaten? Welche Kontaktdaten brauchen sie? Welche Informationen benötigen sie? Was ist ihnen wichtig?

Wenn wir annehmen, dass die Webseite von einem Hundesalon ist, haben wir beispielsweise folgende Ziele:

- Lisa möchte einen Termin auf der Webseite buchen für ihren Hund
- Thomas ist nicht sicher, ob er sich den Trip zum Hundesalon leisten kann und sucht nach Informationen zu Preisen
- Maria war bereits beim Hundesalon und möchte sich auf der Webseite nach dem Shampoo erkundigen, welches der Hundesalon benutzt
- Lars trifft seine Freundin beim Hundesalon, aber hat sich verirrt. Er möchte die Anschrift suchen
- Kiara liebt Tiere und ist auf der Suche nach Arbeit.

Du siehst, dass die Ziele ganz unterschiedlich sein können. Zwei von den fünf beispielhaften Usern sind gar nicht interessiert daran, Geld auszugeben, um im Hundesalon etwas zu kaufen oder einen Termin zu buchen. Wenn der Hundesalon aber gerade dabei ist, zu investieren, ist er vielleicht auch interessiert an Kiara, die nach Arbeit sucht.

Auf der Webseite sollte dann zumindest im Footer eine Seite verlinkt sein, auf der sich Kiara über offene Jobangebote informieren kann oder auch einfach nur Informationen über die Arbeit beim Hundesalon und wie Initiativbewerbungen eingereicht werden können.

Nun hast du alle Informationen darüber, welche Seiten du benötigst. Hier fängst du dann an, eine Sitemap zu erstellen. Eine Sitemap ist eine Sammlung von Seiten auf einer Webseite, die hierarchisch gegliedert ist. Beispielsweise kann der Hundesalon eine Seite namens „Services“ haben, die wiederum unterteilt ist in „Termin buchen für Hundesalon“ und „Shop für Wellnessprodukte für den Hund“.

Hier sind einige Regeln für die Navigation der Webseite:

1. Maximal 7 Punkte in der Navigation! Je mehr Punkte du hast, umso mehr überforderst du den Besucher! Noch besser ist es, nur ein paar ausgesuchte Seiten aufzuführen, damit du den User praktisch durch die Webseite führen kannst. Alle weiteren Seiten kannst du beispielsweise im Footer-Bereich der Webseite aufführen.

2. Benutze nur klare Namen! Der User muss auf jeden Fall wissen, was sich in den Navigationshinten verbirgt. Benutze also statt Shop nicht Hundeparadies. Besucher von Webseiten können sich unter Shop etwas vorstellen, aber sie können nicht konkret sagen, was Hundeparadies für sie bereitstellt. Überraschungen sind schön und gut, aber bei Webseiten sind sie zu sehr mit Überwindung und Anstrengung verbunden.

3. Du kannst wichtige Navigationspunkte anders stylen, beispielsweise in Form eines Buttons.

Bei der Gestaltung der Webseite gebe ich dir noch einige Tipps mit:

1. Benutze sinnvolle Medien! Bilder eignen sich immer gut, aber auch Videos sind perfekt, denn Besucher werden mit Videos viel länger auf deiner Webseite verweilen.
2. Vergiss die legalen Seiten auf der Webseite nicht wie Disclaimer und Datenschutzerklärung. In der Datenschutzerklärung musst du auf jeden Fall deinem Besucher die Möglichkeit geben, seine Daten zu löschen.
3. Bei längeren Webseiten solltest du einen Button benutzen, der den User wieder zum Anfang der Seite bringt.
4. Die wichtigen Informationen befinden sich auf dem ersten Teil der Webseite, die der User zu Gesicht bekommt! Dieser Teil bestimmt, ob der User dazu gewillt ist, den Rest der Seite zu betrachten!
5. Achte auch viel auf Kontrast und Hierarchie! Gleiche Elemente kannst du beispielsweise gruppieren, um ein harmonischeres Gesamtbild zu erhalten.

6. White Space ist wichtig! Überlade deine Webseite nicht zu sehr und setze sinnvoll Paragrafen und Absätze ein, um mehr weiße Fläche auf deiner Webseite zu haben.
7. Führe den User durch die Webseite und benutze nicht 20 verschiedene Buttons auf der Startseite. Viel besser ist es, einen Button mehrmals auf der Startseite zu platzieren. Dies überfordert den User nicht und er ist eher dazu bereit, auf den Button zu klicken.
8. Sei konventionell! Ich sehe viele Webseiten, die gar keine Buttons benutzen, sondern einfach nur Links. Aber es hat sich mittlerweile etabliert, dass man auf Buttons klickt – benutze Buttons und sei nicht zu kreativ!

Der wichtigste Grundsatz beim Webdesign ist schließlich, dass die Webseite ein Ziel hat und Probleme löst. Wenn du nach diesem Grundsatz arbeitest und dem User ein benutzerfreundliches Design bietest, kann gar nichts schief gehen!

Schluss

Ich hoffe, dass dir dieses Buch gefallen hat und dass du viel mitnehmen konntest. HTML und CSS sind kein Hexenwerk, aber es bedarf Übung und ein bisschen Trial-and-Error, um zu verstehen, wie sie funktionieren. Ich hoffe, dass dir die zahlreichen Übungen im Buch geholfen haben!

Selbstverständlich ist dieses Buch kein Sammelwerk sämtlicher HTML-Elemente und CSS-Eigenschaften, denn das würde den Rahmen sprengen. Viel mehr wollte ich dir mit diesem Buch zeigen, wie du unabhängig neue HTML-Elemente entdecken und ausprobieren kannst. HTML-Elemente gibt es wie Sand am Meer und ich bin gespannt, wie die Szene in 20 Jahren aussehen wird. Die Nachfrage nach talentierten Webdesignern wird aber nach wie vor vorhanden sein, daher freue ich mich, dass du dich so für das Webdesign interessierst! Natürlich ist die Benutzung von Pagebuildern einfacher, aber nichts geht über das klassische HTML und CSS!

Als weitere Übung empfehle ich dir, Webseiten aus dem Internet zu suchen und diese mit HTML und CSS nachzubauen! Hierbei helfen dir Frameworks wie Bootstrap. Grundsätzlich aber ist jede Webseite mit HTML und CSS nachzubauen, solange es sich nicht um dynamische Funktionen handelt. Kurze Anmerkung: Dynamische Funktionen haben beispielsweise Blogs, die Blog Posts nach dem Erstellungs- bzw. Veröffentlichungsdatum sortieren und darstellen.

Weitere Informationen über uns und unsere Kooperationen erhalten Sie auf unserer Autorenseite unter **„Empire of Books“** bei Amazon

Jetzt ganz einfach auf den Link klicken oder den QR-Code per Smartphone scannen. Alternativ können Sie den Link auch bei Ihrem Browser im Tab eingeben.

https://t1p.de/opk4

„Wir freuen uns auf Ihren Besuch“

Impressum

Vertreten durch: EoB – Empire of Books
Herausgeber: Malik & Mähleke GmbH
Kontakt: Malik & Mähleke GmbH / Stresemannstraße 84 / 22769 Hamburg
Coverfoto: Shutterstock

Haftungsausschluss:
Die Nutzung dieses Buches und die Umsetzung der enthaltenen Informationen, Anleitungen und Strategien erfolgt auf eigenes Risiko. Der Autor kann für etwaige Schäden jeglicher Art aus keinem Rechtsgrund eine Haftung übernehmen. Haftungsansprüche gegen den Autor für Schäden materieller oder ideeller Art, die durch die Nutzung oder Nichtnutzung der Informationen bzw. durch die Nutzung fehlerhafter und/oder unvollständiger Informationen verursacht wurden, sind grundsätzlich ausgeschlossen. Rechts- und Schadenersatzansprüche sind daher ausgeschlossen. Dieses Werk wurde sorgfältig erarbeitet und niedergeschrieben. Der Autor übernimmt jedoch keinerlei Gewähr für die Aktualität, Vollständigkeit und Qualität der Informationen. Druckfehler und Falschinformationen können nicht vollständig ausgeschlossen werden. Es kann keine juristische Verantwortung sowie Haftung in irgendeiner Form für fehlerhafte Angaben vom Autor übernommen werden.

Die bereitgestellten Analysen, Vorschläge, Ideen, Meinungen, Kommentare und Texte sind ausschließlich zur Information bestimmt und können ein individuelles Beratungsgespräch nicht ersetzen. Alle Informationen dieses Buches entsprechen dem Kenntnisstand zum Zeitpunkt des Verfassens dieses Buches. Eine Haftung für mittelbare und unmittelbare Folgen aus den Informationen dieses Buches ist somit ausgeschlossen. Informieren Sie sich weitläufig aus unterschiedlichen Quellen und bedenken Sie, dass am Ende nur Sie für die Kauf- oder Verkaufsentscheidung verantwortlich sind.

Printed in Poland
by Amazon Fulfillment
Poland Sp. z o.o., Wrocław

77926507R00096